攘夷の幕末史

町田明広

講談社学術文庫

目次

攘夷の幕末史

序章　幕末のイメージと攘夷

幕末はなぜわかりづらいのか

江戸時代とは、大雑把に言えば、二百五十年という長きにわたり、泰平を謳歌《おうか》した時代であろう。政治的な問題に発展するような大きな波風も立たず、文化も成熟しており、世界史的視野で見ても、まことに平和で知性あふれる、まさに稀有《けう》な時代であった。しかし、幕末と言われる最後の段階で、平穏な世が一気にひっくり返って、未曽有《みぞう》の大争乱を迎えてしまう。

幕末の起点をペリー来航の嘉永《かえい》六年（一八五三）とした場合、明治元年（一八六八）まではわずか十五年ほどである。せっかく築きあげてきた泰平の世が、あっという間に突き崩されたが、一方で、日本が明治維新という近代化を遂げ、世界に伍する国家に成長する出発点にもなったのだ。

さて、幕末という言葉から、どのようなイメージが湧き上がるだろうか。まずは、教科書的な共通の理解として、最初に簡単にまとめてみよう。おおよそ、つぎのよう

「ペリー横浜来航の図」（東京都江戸東京博物館蔵）

に幕末像を描いている読者が多いのではなかろうか。

ペリー来航によって、江戸時代の対外政策である鎖国《さこく》に終止符が打たれた。その後、ハリスの圧力に屈した幕府は、朝廷から勅許《ちょっきょ》を得ることなく、通商条約に調印したため、幕府と朝廷に政争が生じた。大老井伊直弼《いいなおすけ》は家茂《いえもち》を後継将軍に擁立し、反対派を安政《あんせい》の大獄《たいごく》で弾圧したが、桜田門外の変によって暗殺された。これにより、朝廷の権威は著しく浮上し、幕府の衰退は誰の目にも明らかであった。これ以降、幕府を擁護する公武合体派と倒幕をめざす尊王攘夷《そんのうじょうい》派の間で、八月十八日政変や禁門の変といった国内を二分する大抗争がくりひろげられた。当初反目していた薩長両藩は坂本龍馬《さかもとりょうま》の仲介によって、薩長同盟を締結し、一気に討幕に突き進んだ。その中心的人物は、西郷隆盛《さいごうたかもり》、大久保利通《おおくぼとしみち》、木戸孝允《きどたかよし》といった尊王攘夷派から成長した倒幕派志士であった。状況が不利と見た最後の将軍慶喜《よしのぶ》は、内乱を回避するためにも大政奉還を実現したが、王政復古の大号令、鳥羽伏見《とばふしみ》の戦い、戊辰《ぼしん》戦争によって幕府軍は壊滅し、明治維新を迎えた……。

ところで、幕末史には、猛烈な固定ファンが老若男女を問わずいる半面、苦手とする人がたくさんおられることも事実であろう。これはこの短い間に、あまりに多くの人物が登場し、しかも事件が頻発しており、政治的に複雑怪奇であって、まさに一筋縄ではいかないところに起因していよう。また、幕末ファンという人たちも、特定の人物や事件にはやたらに詳しいが、全体像となると……。合点がいくという読者もおられるにちがいない。

たしかに、専門の研究者であっても、時にその広大な海に溺れてしまいそうな瞬間がある。先ほどの「イメージ」をもう一度ご覧いただきたい。共通の理解という割には、いかにもわかりにくいストーリーである。そのわかりにくさは、歴史用語の使い方にも問題がありそうだ。

一例を挙げておこう。一般的に幕末の政争は、尊王攘夷 vs. 公武合体と言われてきた。しかし、その図式は実態をほんとうに捉えているであろうか。そもそも、「尊王攘夷」という歴史用語であるが、尊王は天皇（朝廷）を尊ぶという思想であり、攘夷は夷狄《いてき》（外国）を打ち払うという対外政略である。その二つの異なる概念が、合体している。また、「公武合体」は朝廷と幕府を融和して、国内を安定させようとする政体論である。つまり、〈尊王〉〈攘夷〉〈公武合体〉は対立する概念ではないのだ。

本書で主として扱う文久期《ぶんきゅう》（一八六一～一八六四）といえば、例外なく日本人すべてが尊王であり、攘夷であった。開国派（通商条約容認）であり、公武合体派の代表とも言われたこの時期の薩摩藩であるが、外国人を殺傷した生麦《なまむぎ》事件を起こしている。この事実は、日本人＝攘夷の最たる例であろう。しかもこの段階で、倒幕を唱えていたのはごく一部の尊王志士激派のみに過ぎないのだ。こうして見ると、尊王攘夷 vs. 公武合体という構図は、じつはありえないことをおわかりいただけよう。

では、当時の対立は何に起因していたのか。この複雑な幕末史をひも解くために、そして、その政争の本質を見抜くために、本書では、「攘夷」という歴史的用語を、最重要キーワードとして取り上げてみたい。なぜならば、幕末というのは、この「攘夷」によって衝《つ》き動かされ、形作られていたからだ。

攘夷とは、幕末史を貫く対外思想・認識であり、また対外政策であるが、その解釈や方法、実行の時期をめぐってさまざまな政争がくりひろげられている。つまり、対立の構図は尊王攘夷vs.公武合体ではなく、攘夷そのものの考え方の違いに他ならなかった。我が国は攘夷の解釈をめぐって、内乱寸前に追い込まれたのだ。特に、幕末がもっとも幕末的であった文久期の約三年間は、過激な攘夷思想が尊王思想と結びつき、京都や西日本を中心に、尊王攘夷の嵐が吹き荒れていた。まさに、幕末＝攘夷なのだ。

坂本龍馬（『雋傑坂本龍馬』より）

しかも、その幕末は、攘夷をスローガンとする若い志士たちの時代でもある。日本中が攘夷熱にうかされるなかで、日本のために命を賭《と》してまで、攘夷実行に消極的な幕府と対決する若者たちに、後世の私たちは憧れ、感情移入をくりかえしていることは否定できまい。

「大攘夷」と「小攘夷」の対立

さて、当時の日本人がすべて攘夷派であるということに、疑問を持たれる読者も多くおられるだろう。たとえば、坂本龍馬である。龍馬は貿易結社である世界の「海援《かいえん》隊《たい》」を組織し、貿易による五大洋の覇者をめざしており、外国とは和親を第一とする平和主義者ですらあるというイメージが作られている。

その龍馬のもっとも有名な言葉は、「日本を今一度せんたく（洗濯）いたし申し候」ではなかろうか。これは文久三年六月二十九日に書かれた姉・乙女宛の手紙の一節である。薩長同盟の立役者とされ、明治維新を導いたと描かれる革命家・龍馬の面目躍如《やくじょ》たる名台詞であり、颯爽《さっそう》とした龍馬像と結びつき、まさに金言として受け入れられている。

しかし、実際には、龍馬は孤軍奮闘して攘夷実行に邁進《まいしん》する長州藩に敬意を払い、また、敵艦の逆襲を受けている状況に同情を寄せていた。そんな事態を傍観し、よりによって外国と内通して船の修理までおこない、長州を砲撃させていた幕閣（これは龍馬の誤解であったが）に対する怒りの言葉が、この言葉なのだ。

じつはその金言の前に、「右中所の姦吏《かんり》を一事に軍《いくさ》いたし打殺」とある。龍馬の「洗濯」とは、攘夷を実行せず、こともあろうに異人に内通する姦吏（＝幕閣）を一掃するということだった。つまり、龍馬もまた攘夷主義者であり、その感情は終生変わっていないのだ。当時の日本人は、我が国は世界の中心で、あらゆる面で一番でなければならないと考えており、また、それが常態であるとの認識がある。その思想の表層的な現象が、まさに攘夷と言えよう。

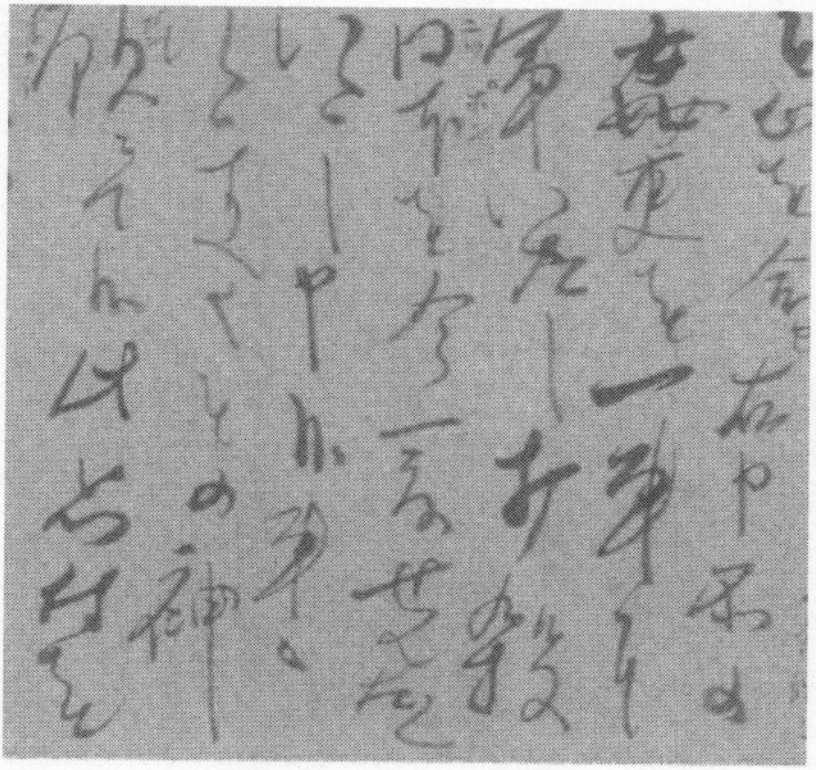

「日本を今一度せんたく……」の文言で知られる文久3年6月29日付・坂本乙女宛「龍馬書簡（部分）」（京都国立博物館蔵）

ところで、内乱に発展しかねない、まさにそのきっかけは井伊直弼が勅許を得ずに締結した通商条約にあった。一見、攘夷を放棄したかに見えるこの施策は、いままで、公武合体派（＝開国派）によってなされたもので、現代的な平和主義路線の延長線上で捉えられてきたが、はたしてそうであろうか。

当時は攘夷の解釈によって、国内は二分されたが、その主たる対立軸は、通商条約の是非にあり、それぞれの主張は、「大攘夷」と「小攘夷」であった。そもそも、その言葉自体は当時から使用されており、津和野《つわの》藩士の国学者である大国隆正《おおくにたかまさ》が『新真公法論』(慶応三年・一八六七)のなかで用いた造語である。

大国は平田篤胤《ひらたあつたね》に国学、昌平坂《しょうへいざか》学問所で古賀精里《こがせいり》に儒学を学び、長崎に遊学して洋学も修めた。その後、上方で報本《ほうほん》学舎を開いて門人育成に尽力した。維新後は神祇《じんぎ》事務局権判事《ごんのはんじ》となり、神仏分離・廃仏毀釈《はいぶつきしゃく》といった神道主義を指導し、神祇行政に多大の影響を与えたことでも有名である。

「大攘夷」とは、現状の武備では、西欧列強と戦えば必ず負けるとの認識に立ち、無謀な攘夷を否定した。現行の通商条約を容認し、その利益によって十分な武備を備えた暁に、攘夷を実行すると主張したのだ。公武合体派と呼ばれた人たちは、ここに属した。井伊をはじめ、龍馬が批判した幕閣もこの考えであり、実は攘夷であった。

一方で「小攘夷」とは、勅許も得ない現行の通商条約を即時に、しかも一方的に廃棄して、それによる対外戦争も辞さないとする破約攘夷を主張した。しかも、実力行使をいとわず、しきりに外国人殺傷や外国船砲撃といった過激な行為を繰り返した。尊王攘夷派と呼ばれた人たちは、ここに属する。すなわち、当時の政争は「大攘夷」

vs.「小攘夷」の構図なのだ。

なお今まで、幕末の攘夷政策は、このように大攘夷と小攘夷に分類されてきた。この攘夷の方策や実行時期の相違からなる対外概念を、本書ではわかりやすく大攘夷を「未来攘夷」、小攘夷を「即時攘夷」として再定義したい。

文久期のこの構図は、大雑把に言って幕府vs.長州藩に置き換えられる。通商条約の是非や攘夷実行をめぐる両者間の対立は、いつしか抜き差しならなくなり、八月十八日政変、池田屋事変や禁門の変といった幕長間の政争や武力衝突に発展する。「未来攘夷」と「即時攘夷」という攘夷をめぐる対立が、全国的な内乱を引き起こしかねない状況にあったのだ。

さて、攘夷という思想は、何も幕末に降って湧いたものではない。江戸時代を通じて、醸成されてきたのだ。その経緯を無視して、いきなり幕末の攘夷から話をはじめることは、かえって理解の妨げになるであろう。江戸初期から幕末までの対外認識を学ぶことは、幕末の攘夷を理解するためには、どうしても必要となる。

一方で、そのような対外認識を形成した江戸時代の統治システムや、幕府の対外政策の推移にも注意を払う必要がある。これらを踏まえながら、私たちは、攘夷思想の源流を探る旅をすることになろう。

その際、攘夷がこの国の「北方」から湧きあがったことを知ることになる。なぜ、北蝦夷《えぞ》や東北なのか。それは、江戸時代の日本に最初に対外的な脅威を与えたのが、北方の大国ロシアであるからだ。一般的には、アメリカ東インド艦隊司令長官ペリーの来航が、外国船が日本に来た最初であるという印象があるかもしれないが、その五十年前、すでにロシア船の日本への来航は活発化していた。

しかもロシアは、東アジアの一員と言ってもおかしくなく、そもそも、日本の隣国の一つである。そのロシアとの交渉史は、日本の攘夷政策と驚くほど密接であり、江戸幕府が祖法と位置づけた「鎖国」も、日露間の緊張がもたらした産物でもあるのだ。ロシアの動向は、本書においては欠くことができない大きなテーマとなる。

また、日本の地理的な条件も見逃せない。日本は、東アジアを構成する一小国に過ぎない。太古から大陸、つまり中国の影響を受けつづけており、その権威を借りていた時代もあった。一方で、その影響からいかに脱するか、そして、日本をいかに世界に冠たる国家とするのかが、大きなテーマでもあったのだ。江戸時代とは、まさにそうした時代であった。詳しくは次章で述べるが、その土台となった東アジア的華夷《かい》思想の理解は、また攘夷の理解に必要不可欠となる。

前提となるこれらの事柄について、概略を捉えたうえで、本書では攘夷の理論がどのように形成されていったのかを解き明かしたい。特に、一見、開国主義に見られている坂本龍馬と、その周辺の人物にフォーカスを合わせて、当時の政治状況にも気を配りながら、幕末期の攘夷思想の実相に踏み込んでいこう。

朝廷と幕府の間で揺れ動く諸藩

ついで、攘夷の実行であるが、どうしても生麦事件や薩英戦争、四国艦隊下関砲撃事件などの薩長両藩が引き起こした事件を思い浮かべてしまい、その他諸藩の動向はじつは霧のなかである。実際にはどの藩がどの程度、本当に実弾を発射しているのか、攘夷熱はどのように鎮静に向かったのか。また、明治以降の歴史に与えた影響はあったのかどうか、多くの読者は疑問に感じておられるのではないか。

攘夷実行をめぐって、きわめて重要な視点は、攘夷を命じた朝廷と、無謀な攘夷を禁じた幕府の構図である。つまり、攘夷実行に関して朝幕が違った命令を下す、いわゆる「政令二途《せいれいにと》」が常態となってしまい、どちらを優先すべきかによって、西国諸藩は揺れ動くことになり、内乱の危機さえ生じさせていたのだ。

特に、朝廷と幕府の板挟みになり、攘夷の大本山である長州藩と一触即発の対立状況に追い込まれた弱小の譜代藩小倉《こくら》藩の有様は、まさに気の毒と言うしかない。本書では、両藩の攘夷実行をめぐる確執の経緯を、中央政局にも言及しながら丹念に見ていくことになる。

ところで、この対立によって勃発《ぼっぱつ》した大事件が、第五章で言及する朝陽丸《ちょうようまる》事件であった。これまで、ほとんど語られることがなかったこの事件は、攘夷実行がもたらした長州・小倉両藩の戦争寸前の危機的状況が背景にあり、内乱を誘発しかねない歴史的大事件であったのだ。

幕府と長州藩の最初の武力衝突とも言える、この隠れた大事件の詳細について、本書ではドキュメンタリーのように述べるつもりである。このような埋もれた重要な事実を発掘することは、まさに歴史の醍醐味《だいごみ》に他ならない。

本書では、総じて幕末の攘夷がどのようなものであったか、理論と実行の両面からアプローチし、攘夷を総体として捉えていくことを目的としたい。多少毛色の違った幕末本であるが、最後までおつきあいいただければ幸いである。

第一章　東アジア的視点から見た江戸時代

徳川公儀体制による江戸時代支配

江戸時代というのは、徳川将軍家を頂点とする武士階級が支配層となる封建社会であった。幕府は「公儀」と呼ばれており、将軍は特に公方様《くぼう》と崇《あが》められていたが、その一方で、「禁裏《きんり》」と呼ばれる朝廷ももちろん存在していた。

なお、幕府や朝廷という呼び方は、じつは幕末の安政期（一八五四〜一八六〇）ころから使用された言葉で、それまではそれぞれ公儀・禁裏と呼ばれていた。これは、天皇を将軍の上に置き、覇府に過ぎない幕府より朝廷を日本の正統府とする考え方にもとづく呼び方であり、意外と最近の呼称なのだ。

そうなると、江戸時代というのは朝廷・幕府の二重権力の時代であったかのように見えるが、幕末までは必ずしもそうではなかった。実際の権力者は、言うまでもなく将軍（＝征夷大将軍）である。その将軍は朝廷から命じられる官職であり、鎌倉時代以降は織豊政権期をのぞいて、武家の棟梁《とうりょう》が任じられた。徳川家康もまた然りである。

つまり、幕府は朝廷を必要としており、その武威（軍事力）を背景として、天皇（朝廷）を手中に収めていた。朝廷は武家に、職位や官位を授ける見返りとして、武威によって保護され、養われていたという構図である。これは「徳川公儀体制」とも言えるもので、時期によって程度の差はあったものの、事実上、江戸時代は幕府と朝廷とによる政治的独占体制であったと言えよう。

徳川公儀体制についてもう少し述べると、政治機構としては、幕府は老中を頂点とする譜代門閥制であり、朝廷は五摂家《ごせっけ》（近衛・九条・二条・一条・鷹司《たかつかさ》）を頂点とする摂関制であった。つまり、家康による天下統一以前の、三河時代からの徳川家臣である譜代大名のなかから指名された老中と、中臣《なかとみの》（藤原）鎌足《かまたり》・不比等《ふひと》から綿々とつづく公家の貴種である五摂家という、特定のグループによって政治は独占されており、将軍や天皇を傀儡《かいらい》として、その権力は絶大であったのだ。

また、国是（国としての対外方針等）は攘夷（鎖国）であり、国を閉ざした閉鎖的な空間を形作っていたとされていた。しかし、近年は完璧に国を閉ざしてしまう鎖国ではなかったことが一般にも知られてきている。たしかに、日本市場と東アジア、あるいは東南アジアの国際市場との間には連環があり、日本は孤立していなかったのだ。

ただし、その貿易は幕府と一部の藩に独占されており、一般庶民の自由な外国との往来と貿易は禁止されていた。これを東アジアでは一般的に、海禁と言う。日本の場合、明・清という中国帝国が形成した、後述の冊封《さくほう》体制の外に日本を位置づけ、幕府は海禁の一形態とも言える「鎖国」政策を採用した。ここで言う鎖国とは、日本人の海外渡航・帰国を厳禁し、外国船を追い払うことを骨子としており、キリスト教を徹底的に排除することであった。しかし、当時の日本人にとって、これらの行為は幕末人が唱えた「攘夷」とはまだ異質なものであった。

つまり、鎖国が完成する十七世紀前半まで日本は世界と通商していたが、鎖国はこれを廃止した対外方針の変更に過ぎず、日本を神国として捉え、外国人を忌み嫌い排除の対象とする攘夷という考え方には至っていない。

攘夷というのは、単なる外国船の打ち払いの行為そのものを指すのではなく、政治的な対外思想を伴うものである。この鎖国という新しい対外政略は、外国船を追い払うことを肯定しており、次第に外国を夷狄《いてき》と捉える排外思想を生み出した。後述する国学や後期水戸学を経て、鎖国は攘夷へと深化して、幕末日本に大きな影響を与えることになる。

鎖国と東アジア的華夷思想

近世初期においては、有名な山田長政《やまだながまさ》が象徴的なように、日本人は東南アジア各地に活動を展開し、日本人町を作るほど活発に海外に雄飛していた。しかし、こうした一般庶民の海外活動は、三代将軍家光によって禁止され、海外への渡航は例外なく不可能となった。海外に滞在していて、そのまま帰国できなくなった人たちも、決して少なくない。また漂流民となって外国船に救助された船乗りや漁民も、帰国が認められなかったり、帰国を果たしたとしても、生涯、隔離状態に置かれたりした。

こうした鎖国的政策は、日本のみならず、朝鮮も中国も対外的な方針としていたので、十七世紀以降の東アジアにおいては、庶民の自由な往来は禁止され、限定された特殊な交易システムがとられた。つまり、国家権力によって認められた、少数の御用商人のみが特定の場所において交易に参加できたのだ。その利益は、結果として時の権力者に集中することになる。幕末日本では、幕府の貿易独占を諸藩が攻撃の的としているが、その起点は江戸時代はじめにまでさかのぼると言えよう。

このように、日本・中国・朝鮮などで実施された鎖国的政策であるが、これは東アジア的華夷思想に裏打ちされたものであった。幕末の攘夷を理解するためにも重要であり、かつ少々わかりにくい概念なので、少し丁寧に説明しよう。

東アジアにおいては、中国（中華）を世界の中心に据える考え方が、古代より存在する。簡単に言えば、中国が一番優れているとする考え方であり、これが華夷思想そのものだ。最初にその考えを示したのは孔子《こうし》とされているが、すでに六世紀以降の隋《ずい》・唐《とう》時代には、東アジア全体に、その華夷思想が浸透していたと言われている。そして、その最盛期は明・清時代であり、近代までその思想に支配されていた。まさに、二十世紀になっても中国は華夷思想の国であったのだ。

華夷思想の中心となる考え方に、さらに踏み込んでみよう。中国が一番優れているとするのは、物質的な面ではなく、むしろ文化・思想といった、精神的なものである。中国の文明が、もっとも価値あるものと規定されており、中国を支配して王朝を建国した漢民族や蒙古・満洲などの北方民族以外を夷狄とみなし、その独自性を認めず、教化の対象と捉える思想と言える。日本も、夷狄の一つであり、中国から文化・思想を学ばなければならなかった。

それを具現化する体制は、「冊封」と呼ばれている。冊封とは、中国王朝の皇帝が、東アジアの夷狄君主に王や侯といった中国の爵号《しゃくごう》を授け、君臣関係を結ぶことによって形成される国際秩序のことである。この冊封によって、中国皇帝の臣下となった君主の国のことを冊封国と言う。この冊封体制においては、独自の交易方法である「朝貢《ちょうこう》」を伴った。

朝貢とは、中国を中心とした貿易の形態であり、中国の皇帝に対して、冊封された夷狄の国王らが貢物を捧げ、これに対して皇帝側がその何十倍もの恩賜《おんし》を与えるという形式をもって成立していた。今日の感覚から言うと、貿易というより物々交換レベルの交渉に見えてしまうが、これも立派な貿易行為であった。

なお、現実問題として、周辺国は中国と軍事的に敵対することは、経済的にも政治的にもリスクが大きく、かつ、朝貢によって得られる莫大な利益を失うことを意味した。そのため、自ら冊封体制に置かれることを望むものが多かった。

しかし、このような冊封関係が成立したからといって、冊封された夷狄諸国が、中華帝国である歴代の中国帝国の領土に組み込まれるということでは決してなかった。つまり、冊封国も独立国であることには相違なかったのだ。たしかに、冊封国には毎年の朝貢、中国の元号や正朔《せいさく》と呼ばれる暦を使用することなどが義務づけられることがあった。時には、皇帝から出兵を命じられることもあった。一方で、冊封国が攻撃を受けた場合、中国に対して救援を求めることも可能であった。

たとえば、豊臣秀吉によって起こされた十六世紀末の朝鮮出兵、つまり文禄《ぶんろく》・慶長《けいちょう》の役においては、朝鮮は当時の中国帝国である明に援軍を求めた。明の出兵は、秀吉が将来、明に攻め込む可能性があるのでその機先を制することを主たる目的としていたのではなく、あくまでも、冊封国である朝鮮からの要請に応えたのだ。

「東夷の小帝国」から「日本型華夷帝国」へ

さて、冊封国はこれらの義務を、すべてそのまま受け入れたのであろうか。実際には、必ずしもそうではなかった。課せられた義務の多くが理念的なものであり、元号や暦も独自のものを使用したり、朝貢の頻度も個々の事情に応じたりした。中国の方でも、事を荒立ててまでその違約を責めてはいない。換言すれば、冊封体制とは、中国帝国を中心に置いた、ゆるやかな外交秩序を形成するものであったのだ。

ところで、日本はどうであったのか。基本的に古代から遣唐使の廃止までは、中国の冊封体制下にあったと考えられる。その間、たとえば「魏志倭人伝《ぎしわじんでん》」に登場する邪馬台国・卑弥呼、東晋・南北朝時代の倭の五王（たとえば、倭王武《ぶ》は雄略《ゆうりゃく》天皇とされる）、推古《すいこ》天皇・聖徳太子《しょうとくたいし》によって小野妹子《おののいもこ》が派遣された第二回遣隋使などが「朝貢」の例として思い浮かぶが、寛平《かんぴょう》六年（八九四）に菅原道真《すがわらのみちざね》の建議により、遣唐使が中止された。

その理由については、唐が衰えはじめたためとか、新羅《しらぎ》との関係悪化から、航路を北路から南路へ変更せざるを得ず、航海に危険が伴うことが多くなったためと言われている。それも事実であり、大きな理由であろうが、筆者はもう一つ、日本の天皇制国家の樹立による、華夷体制からの逸脱志向が背後にあったものと踏んでいる。

古代から中国の冊封体制下にあった日本は、少なくとも七世紀後半、天武・持統朝期には、東アジア的華夷思想に基づく小中華帝国に変貌していた。これは天皇自身が政治を司る天皇親政体制の確立と軌を一にする。とはいえ、国際的には東アジア的華夷思想に基づく、小中華帝国「日本」の成立条件としては、中国帝国による冊封体制からの独立が必要とされた。

そして、独自の冊封体制に基づく、「東夷の小帝国」（石母田正『古代国家論』）を形成しなければならなかった。つまり、天皇に対する朝貢国を持つことが必須条件となった。その矛先は、最も近い隣国である朝鮮に向かったが、地理的条件からして当然の帰結であろう。

これに関連し、象徴的な物語が存在する。『日本書紀』に記載されている「三韓征伐」である。具体的には、仲哀《ちゅうあい》天皇の后《きさき》で、応神《おうじん》天皇の母である神功《じんぐう》皇后がおこなった朝鮮（新羅）出兵のことで、新羅が降伏した後、百済《くだら》・高句麗《こうくり》もあいついで日本の支配下に入ったため、三韓征伐とされる。つまり、日本は朝鮮という朝貢国を得て、「東夷の小帝国」を形成したことになった。

この三韓征伐は、文禄・慶長の役において、朝鮮派兵の大義名分として利用された。つまり朝鮮は三韓征伐以来、日本の朝貢国（属国）であり、天皇が支配する権利があるとして、豊臣秀吉が出兵の正当化に積極的に利用したのだ。江戸時代後期の思想家たちも、三韓征伐およびそれを大義名分とした文禄・慶長の役を肯定的に評価している。

なお、これまでは歴史学の分野では、日本を「東夷の小帝国」としてきたが、本書では我が国の在り方を「日本型華夷帝国」と呼称する。なぜならば、中国と比べると国土や人口では圧倒的に劣っていながら、日本は自らを夷狄ではなく中華と見なしており、国家としては対等という意識が存在したからである。

以上、述べてきた通り、江戸時代とは徳川公儀体制の下で、東アジア的華夷思想にもとづく「日本型華夷帝国」を形成し、鎖国政策を貫いていた時代なのだ。それでは、つぎにその鎖国について、詳しく見ていくことにしよう。

鎖国と冊封体制の形成

江戸幕府が徳川家康によって開かれた十七世紀初頭、東アジア諸国は漢民族による中国帝国明の冊封体制の下に置かれていた。しかし、日本は「日本型華夷帝国」として、その枠外に身を置いていた。一方で、当初はその経済圏にとどまろうと考えた。これは時の権力者にとって、貿易の利益は垂涎《すいぜん》ものであったからである。たとえば足《あし》利義満《かがよしみつ》は、自らを明皇帝の臣下として冊封を受け、日明貿易という朝貢をおこない、莫大な利益を得ていたのだ。

しかし、秀吉による朝鮮侵略戦争である文禄・慶長の役によって、明との関係は著しく悪化し、貿易は途絶えてしまった。

家康は当初、明との貿易を期待していたが、日明関係は対等な関係であり、日本が七世紀後半以降に離脱した中国帝国が形成する伝統的な冊封体制に、今さら復帰するつもりは一切なかった。慶長十五年（一六一〇）、家康は明に対して、自らを「日本国主」と名乗る書簡を送り、国交回復を求めた。

そのなかで、日本を統一して九年（家康による朱印船制度の確立からの年数）が経過し、その影響は朝鮮・ベトナム・タイ・フィリピン・カンボジアやヨーロッパ諸国にも及んでいると明言し、しかも、これらの諸国は日本に朝貢しているかのように書かれていた。これは、日本の明に対する対等性や自立を意識した、絵空事を盛り込んだ都合のいい内容であった。

その明も寛永二十一年（一六四四）に滅亡し、夷狄である満洲族によって清が建国された。将軍家はより一層中国冊封体制からの自立を意識し、日本を世界の中心に据えた東アジア的華夷思想にもとづく、「日本型華夷帝国」の構築を試みることになった。

なお、中国との貿易については、清が求める朝貢のシステムに従えるはずもなく、鎖国後は中国商人と長崎の出島を通じてのみ交易をおこなった。しかし、幕府が貿易を独占したため、諸侯（各藩の藩主やそれに準ずる支配者層）の不満は幕末までつづいたのだ。

さて、将軍家による「日本型華夷帝国」の形成にあたって、問題となるのが天皇の存在である。将軍家は、国内的には征夷大将軍でしかないものの、事実上は天皇を抑えて、軍事政権の頂点に君臨した。そして、後に「大政委任」と称される国政担当の権利を、朝廷から委ねられているという、暗黙の了解があった。

一方、対外的には、日本を代表する「大君《たいくん》」という称号を創作して臨んだ。鎖国後も来航を許されたオランダ人も中国人も、天皇の存在を意識することはなく、大君とのみ交渉をすれば、何の問題もなかったのだ。

ようやく幕末にいたって、外国人は大君のほかに天皇が存在することを意識するようになった。これは幕府が朝廷・天皇に条約勅許を求めたことに起因しており、「大君」という称号は、幕府にじゅうぶんな武威が備わっていてはじめて、国内的にも対外的にも通用するものであったと言えよう。

ところで、鎖国という用語の誕生について、述べておこう。これは、蘭学者志筑忠雄《しづきただお》（一七六〇～一八〇六）によって、享和《きょうわ》元年（一八〇一）成稿（刊行は一八五〇年）の『鎖国論』において、はじめて使用された造語である。

志筑の造語の基となったのは、エンゲルベルト・ケンペル（一六五一～一七一六）の著作である。ケンペルはドイツ生まれの医師、博物学者であったが、元禄《げんろく》三年（一六九〇）にオランダ商館の医師として来日し、約二年間にわたって出島に滞在した。その間、元禄四、五年に連続して江戸参府を経験し、徳川綱吉《つなよし》にも謁見することが叶った。

この元禄期に体験した江戸参府をベースに、ケンペルが著したのが『日本誌』（一七二七年刊）で、その付録として収録された、日本の対外政策に関する論文の題名「日本国において自国人の出国、外国人の入国を禁じ、又此国の世界諸国との交通を禁止するにきわめて当然なる理」があまりに長いことから、志筑は「鎖国論」と名付けた。ここに、〈鎖国〉が誕生した。

なお、ケンペルは日本には聖職的皇帝（＝天皇）と世俗的皇帝（＝将軍）の「二人の支配者」がいると記述した。つまり、情報としては、この段階で二重の権力構造の存在は西欧に紹介されていたことになる。また、「鎖国論」では、日本の対外政策である海禁を合理的な政策として肯定している。日本を事実上、史上最初に世界に知らしめた、記念すべき画期的な著述として記憶にとどめたい。

家光の「寛永鎖国令」と家綱の「承応鎖国令」

鎖国の制度上の完成とされるのは、一般的には三代将軍家光の治世、寛永十六年（一六三九）七月の南蛮（ポルトガル）船来航禁止令にさかのぼる。寛永鎖国令と言えるこの法令によって、これ以降はポルトガル船の渡航を厳禁し、万が一、再来航した際には、船は破壊し乗組員は処刑することを沙汰している。

ところが、将軍職が家光から家綱に引き継がれてから三年後、承応三年（一六五四）五月に寛永鎖国令が改変された。南蛮船が入港して、たとえ何を申し立てたとしても、追い返すことを命じた。一方で攻撃されない場合は、こちらからも攻撃しないこと、追跡は不要であることも沙汰している。承応鎖国令と言えるこの法令によって、問答無用に打ち払うとした、寛永鎖国令に見られた初期鎖国政策から、非常に穏当な内容に後退をしている。外国船に対して強硬な姿勢であったのは、ほぼ家光一代限りの十五年間で、一時的なものであったのだ。

ここで、鎖国の定義を再度しておきたい。鎖国とは、攻撃されなければこちらからは手出しをしないとした、承応鎖国令を基準とした比較的穏便な対外政策で、東アジア的華夷思想に基づく「日本型華夷帝国」体制の下で、日本人の海外渡航・帰国を厳禁し、必ずしも武力は用いないものの、外国船は追い払うことであった。

もちろん、この後述べる通り、四つの口によって、東アジア、そして世界とはつながっており、完全に国を閉ざしていたわけではなかった。そして、華夷思想に支配されていたものの、当時の日本人はこの行為を必ずしも攘夷実行と考えていなかった。攘夷というのは、単なる外国船の打ち払いの行為そのものを指すのではなく、日本を神国として捉え、外国人を忌み嫌い排除の対象とする政治的な対外思想を伴うものである。つまり、攘夷の登場は国学、浸透は後期水戸学の成立を待たなければならなかった。

鎖国が完成してから百五十年、日本は鎖国をしていることすら忘れてしまうほど、ほぼ平穏な時代が続いていた。つまり、世界史的に見て何らかの影響を受けたり与えたりしない、まさにそこから隔絶したところに置かれていたことになる。

鎖国という用語が実際に世間で使用されはじめるのは、幕末期にいたってからである。しかし、概念的には、老中松平定信《さだのぶ》（一七五九〜一八二九）の対外政略として登場したのだ。その定信は、言わずと知れた幕政史上でも類《たぐい》まれなる政治家であった。享保《きょうほう》の改革、天保の改革とあわせて、江戸時代の三大改革と並称される寛政の改革の推進者である。また、白河藩第三代藩主で、八代将軍徳川吉宗の孫としても知られている。

さて、一般的には、ペリー来航をもって幕末がスタートしたイメージがあるため、外国船といえばアメリカ船が最初のように考えてしまうが、実際には、外国船といえばロシア船と捉えられる時代が長くつづいていた。吉宗時代にはすでに房総まで達していたが、その動きが活発になってきたのが、まさに松平定信の時代であった。

松平定信の登場と鎖国政策の変転

定信による寛政の改革が進められるなか、寛政三年（一七九一）九月に、幕府は突如として寛政度異国船取扱指針（異国漂流船取計方之儀御書付）を布告した。ここには外国船来航・漂着時の扱いがこと細かに記載されており、臨機応変な処置を認めながらも、幕府に伺いを立てることを原則としている。内容的には、承応鎖国令と同レベルの内容であり、鎖国を順守し、無闇な打ち払いは禁止した。従来の鎖国政策の枠内に踏み止まったが、一方で、この時期、日本近海に出没をはじめた外国船への憂慮と配慮がうかがえる。

例えば、外国船が漂着した場合、保護してまず船具は取り上げた上で長崎へ送るべきか否か、幕府に伺いを立てること。外国船を発見した場合、速やかに警備態勢を整えた上で、大騒ぎせずに談判・見分の役人を外国船に派遣すること。もし、相手が役人を拒むなら、人も船も打ち砕くこともやむを得ない。そのときは相手船に乗り移り、大砲や火矢等の使用も許可するので、素早く斬り捨てるか捕縛すること。そして、談判が成立するか見分を拒まない場合は、なるべく穏便に取り計らい、船をつながせた上で乗組員は上陸させ、番人を付け勝手に戻らないようにしておき、幕府に伺いを立てること、といったことが並べられている。

漂流船とその他何らかの目的を持った外国船を区別し、臨機の処置も認めており、相手の出方次第では打ち払いを許容している。それにしても、極めて詳細な指針であるが、それほどこの時期に外国船が頻繁に我が国に接近をはじめ、幕府への問い合わせが急増したための対応であろう。

寛政期（一七八九～一八〇一）以降、主として蝦夷地（北海道）を中心とする北方でのロシアの脅威は、幕府にとってはもう無視できないレベルに達していた。寛政年間というと、ずいぶんと昔に感じてしまうが、じつは、ペリー来航がわずか五十年後に迫っていた。このころより、幕末の攘夷へのカウントダウンがはじまったのだ。

寛政四年（一七九二）のラックスマン（一七六六～？）の来航時、定信は国法書を与え、そのなかで、国交がない外国船は捕らえるか、無二念《にねんなく》（無条件に）打ち払うのが祖法であると言いきった。これは鎖国を「祖法」とみなす考えの最初の表明ではあるものの、一方では通商条約の締結をほのめかして、長崎入港の信牌《しんぱい》（許可証）を与えた。

文化元年（一八〇四）、レザノフ（一七六四～一八〇七）はその信牌を持参して長崎に来航した。しかし時すでに遅く、定信はとうに失脚しており、そのため幕府は外交能力を喪失していた。レザノフは無為に半年間も放置され、その挙句に通商条約の拒否を申し渡された。その際、幕府は鎖国を完全に祖法と位置づけ、それを前提として拒絶したのだ。つまり、「鎖国」が完成したのは、じつはこの段階なのだ。

とはいえ、今後もロシア船の来航が予想され、その際には穏便に帰国させるため

「ロシア使節レザノフ来航絵巻（部分）」（東京大学史料編纂所蔵）

に、幕府は文化三年（一八〇六）正月に文化薪水《しんすい》供与令（おろしや船之儀ニ付御書付）を発令した。それは、「おろしや船ニ無相違相聞候ハヽ、」（『徳川禁令考』）と明言されており、これまで、この法令はすべての外国船を対象としているように言われているが、その対象はロシア船のみであった。

一国を対象としたとは言いながらも、漂流して食物や薪水が乏しい場合には、相応に与えて帰国させると沙汰しており、鎖国の枠内とはいえ、撫恤《ぶじゅつ》政策を採ることになった。撫恤とは「あわれみいつくしむ」ことであり、本来の鎖国政策からは、だいぶ後退することになった。この内容について、今までほとんど言及されてこなかったが、撫恤政策という、大きな対外方針の変更として重要である。なお、撫恤の対象は、あくまでもロシア船であり、文化薪水供与令というよりは、「ロシア船薪水供与令」とすべきところである。

しかし、日本側の対応に怒りを覚えたレザノフの部下フヴォストフは、文化三年に独断で樺太《カラフト》の松前藩番所を、翌年には択捉《エトロフ》島の日本拠点を襲撃した（フヴォストフ事件、文化露《ろ》寇《こう》）。日露戦争のおよそ百年前、日露間の最初の紛争である。

この事件は、幕府をはじめ世間に広く、実際よりも過大に被害が伝えられた。この段階で、幕府は朝廷にその経緯を報告するはめになったが、この点は簡単には見過ごせない。これまでは、朝廷など眼中になきがごとく振る舞ってきた幕府が、気弱な態度をはじめて示したことになる。幕末の攘夷の精神的象徴であり支柱となる天皇（朝廷）が、はじめてクローズアップされたのだ。

これを踏まえ、日本側もロシアに対抗するために、文化四年（一八〇七）十二月、ロシア船打払令を布告した。ロシア船限定の寛永鎖国令への回帰であり、今後はロシア船とわかれば厳重に打ち払い、接近してきたら召捕るか打ち捨てるよう沙汰されている。ロシアに対する極めて厳しい内容であり、幕府の断固とした対応が見て取れる。

この間の幕府の対応はロシアに振り回されており、ロシア船を特別扱いし、ロシア船についてはいったん撫恤的な対応にいったんは移行した。しかし、わずか二年足らずで、攻撃されなければ手出しをしないとした承応鎖国令ではなく、打ち払うことを指示した寛永鎖国令レベルに一気に戻された。それにしても、この間のロシアの動向の重要性は十分に認識しておくべきであろう。

ロシア船打払令が沙汰されて以降、日本近海からロシア船は影を潜め、その代わりにイギリスが日本近海を脅かすことになる。いよいよ、産業革命をいち早く成し遂げて、帝国主義的な国家となり世界に進出をはじめた大英帝国の登場である。文化五年（一八〇八）、イギリス軍艦が長崎港内に侵入し、ナポレオン戦争で敵対していたオランダの商館員を一時拉致して、オランダ船の捜索をしたフェートン号事件が起こった。

また、文政七年（一八二四）にはイギリスの捕鯨船の乗組員十二人が常陸《ひたち》・大津浜に上陸し、水戸藩に全員捕縛される大津浜事件が起こった。さらに同年、イギリス捕鯨船が薩摩西南諸島の宝島に来航し、食料等を要求したが在番役人に拒否された。すると、イギリス人は小銃を発砲して牛を奪い取り、薩摩藩側も銃撃戦を展開してイギリス人を一名射殺した宝島事件も起こった。

幕府はこのようなイギリス船の横暴に我慢できず、文政八年（一八二五）二月にイギリス船を含むすべての外国船を対象に、「異国船乗寄候を見請候ハヽ、其所《そのところ》ニ有合候人夫を以《もって》、有無ニ及、一図《いちず》ニ打払（略）無二念《にねんなく》打払せ、見掛図《みかけばかり》を失様取計候処、専《せん》要《よう》事ニ候条、無油断可被申付候」（『徳川禁令考』）と沙汰した。

これは、外国船であれば国籍を問わず、見つけ次第すべてに砲撃して追い返すことを命じたものであった。文政無《む》二《に》念《ねん》打払令（異国船打払令）の発令である。この法令は、ロシア船打払令から大いに前進して、すべての外国船が打ち払いの対象となっており、寛永鎖国令、つまり初期鎖国政策へ完全に戻ったことになる。

とはいえ、幕府の意識のなかでは、イギリスが我が国と戦争をするために、わざわざ極東まで艦隊を派遣するとは考えておらず、そもそも捕鯨船レベルでは、打ち払っても紛争に至らないという打算もあった。むしろ、民衆に外国船への恐怖心と敵愾心《てきがいしん》を植え付けることが優先されて、イギリスに止まらないすべての外国船が打ち払いの対象となったのだ。

「日本型華夷帝国」と朝貢国

幕府は鎖国政策を取りながら、日本型華夷帝国として朝貢国を持たなければならなかった。一体どのように冊封と鎖国を両立させていたのだろうか。ところで、鎖国していたからといって、日本が完全に世界から孤立できるはずはなく、実際には、幕府は外に向かって開かれた四つの口（オランダ・中国は長崎会所経由、琉球は薩摩藩経由、朝鮮は対馬《つしま》藩経由、アイヌは松前藩経由）を設けた。そこを利用して、朝貢国との冊封体制を築いたのだが、ここで重要なのは、日本がその独自の体制を、東アジアにおいてどのように形作っていたかである。

幕府は薩摩藩を介して、琉球を事実上、冊封体制下に置き、また、琉球に準ずるものとして、松前藩を介してアイヌを同様に位置づけた。

朝鮮との関係は、その後の征韓論の背景ともなり、きわめて重要である。文禄・慶長の役によって、日朝関係は最悪なものとなったが、ようやく慶長十四年（一六〇九）になって、対馬宗《そう》氏と朝鮮が己酉《きゆう》約条を締結した。これは将軍家を飛び越えた、変則的な独立した国家間の通商条約であり、朝鮮から通信使が派遣されることになった。

通信使について、幕府は冊封体制下の使節「来貢使《らいこうし》」という呼称を、公式にはいっさい用いていない。これは、日本と朝鮮とは対等という立場を対外的に示すためであるが、一方で、国内向けには徳川軍事政権国家は華夷帝国であることを誇示するために、通信使を日本に朝貢する来貢使として扱った。これにより、庶民は琉球使節と同様に、通信使を来貢使として認識するようになったのだ。

たとえば、平戸のイギリス商館長であったリチャード・コックス（一五六六～一六二四）は、「ある人々、それは庶民であるが、朝鮮通信使が来たのは臣従の礼を表し、貢物を献上するためで、もしそうしないと将軍は再び彼らに対して戦争を仕掛けたであろうと噂している」（『イギリス商館長日記』、一六一七年八月三十一日条）と述べている。

また、寛延《かんえん》元年（一七四八）に淀藩の饗応《きょうおう》役を務めた渡辺洪貢《わたなべこうぐ》が著した『朝鮮人来《らい》聘記《へいき》』においても、『日本書紀』に記載されている三韓征伐の故事を引用して、通信使を朝貢のためとみなしている。このように、当初から日本人は、朝鮮通信使を朝貢使節団として捉えていたことがわかる。

こうして幕府は、朝鮮・琉球を朝貢国と規定し、冊封体制を完成したが、本来、朝鮮とは独立した国家同士であり、現実との大きな隔たりが見られる。これが幕末明治期の征韓論を形成する起点となり、そして、この朝鮮をめぐるロシアとの最終的な覇権争いが、日露戦争であったのだ。

なお、中国とオランダについては、例外的に長崎において「通商」を認めていたが、国家間の通商ではなく、あくまでも商人による例外的・限定的な私貿易としての許容であった。それ以外の冊封に応じない諸国は攘夷の対象であり、あくまでも打払うことが前提であったのだ。

「鎖国日本」のプラス面

本章の最後に、鎖国が日本に何をもたらしたのかを考えてみよう。どうも、鎖国という語感が強いのか、世界に背を向けて、貝のように閉じこもっているマイナスのイメージが強調されているように感じる。鎖国日本を、江戸時代を本当にマイナス面だけで捉えてよいのだろうか。

実際には、必ずしもそうとばかりは言えないようである。江戸時代は日本史上、類を見ない政治的に安定した、平和な時代であった。日本が世界から見えにくい極東にあるという、地理的条件に味方されたせいもあろう。その間に、農業や手工業が驚異的な発展を遂げ、物流システムが確立し、江戸・大坂を中心とした全国市場が形成され、商業や金融も発展した。また、各藩も藩政改革の一環として、専売制度などによる殖産興業に力を傾注した。

これによって、全国に富裕な豪農や大商人が出現し、彼らの牽引もあって、驚くべき情報網ができあがり、さらには教育が普及し、かつ、その質が著しく向上した。また、後ほど述べる国学や後期水戸学によって尊王攘夷思想が勃興し、武士をはじめとする知識層に、良質なナショナリズムの派生を促した。

こうして、鎖国日本は、黒船来航というウェスタンインパクトに対応し、かつ、明治維新後に急速な近代化を成し遂げる土壌を作りだしていた。たしかに、閉鎖的で硬直化した時代ではあったが、別の側面から見ると、じつに活気にあふれた躍動的な時代でもあったのだ。

最近、盛んに指摘されるように、エコロジーの面からも、江戸時代は抜群に進んだ無駄を出さない社会でもあった。このような例を、世界史のなかで見つけることは、じつは困難をきわめる作業であるのだ。

第二章　幕末外交と大国ロシア

ロシアの脅威と対外認識

十八世紀後半にいたると、日本近海に外国船がしきりに出没するようになった。主として蝦夷地を中心とする、北方におけるロシアの南下動向は、その最初の脅威と言えよう。日本の対外認識・思想に与えた影響を考えた場合、ロシアの動向は見過ごすことができない。

その経緯を洞察することは、幕末の攘夷にいたる新たな対外的な思想の勃興や、政略の変遷を理解することにつながり、幕末の攘夷を真に実感するためには不可欠であると思われる。ここでは、この重要なロシアと日本の関係を追っていこう。

ロシアの東アジア拡大政策は、十七世紀中頃から加速し、その進出の手は一六三六年にはオホーツク海にいたり、シベリア全土を征服した。しかし、一六八九年に清とネルチンスク条約を締結したため、国境線は外興安嶺《がいこうあんれい》（スタノヴォイ山脈）にとどまった。これによって、ロシアはこれ以上の満洲方面への南下が阻まれたため、矛先を北方に変えてシベリアの東方に進出し、十八世紀初頭にはカムチャツカ半島の領有を宣言、アイヌ民族と交易を開始していた。

なお、その後、清の弱体化に乗じて、一八五八年にはアイグン条約を結び、アムール川北岸を手に入れた。さらに、一八六〇年の北京条約では、ウスリー川東側の沿海州を獲得し、ここにロシアは、満洲における確固たる勢力圏を確立したのだ。

ロシアは極東においても、南下政策を進めたが、ピョートル大帝（在位一六八二〜一七二五）は一七〇二年に日本探索を命じた。あわせて、日本人漂流民を首都サンクトペテルブルクにおいて、日本語教師として遇した。このときのロシアには領土的野心は微塵《みじん》もなく、交易の拡大が主たる目的であった。もちろん、その裏には冒険心や功名心なども作用していたにちがいない。

ロシアの日本探索は、自然の要塞に阻まれて、日本沿岸への到達はなかなか叶わなかったが、八代将軍吉宗時代の元文《げんぶん》四年（一七三九）にいたり、探索船の一艘が仙台湾航海を、もう一艘が房総沿岸への上陸を果たした。偶発的な出来事に過ぎないものの、これが日本とロシアの接触のはじまりであった。

それにしても、ロシア人が早くも吉宗時代に、ここまで来ていた事実に、多くの読者は驚かれるのではないだろうか。鎖国といっても、その語感に反して、実際にはこのような事実があり、幕府も庶民も特段慌てることなく、一過性のこととして打ち過ごしている。なお、その後であるが、財政窮乏や英・仏・プロシャとの関係悪化などから、ロシアの東方進出は停滞した。

しかし、エカテリーナ二世（在位一七六二〜一七九六）は東アジア進出を積極的に計画し、また日本との通商を求め、盛んに探索隊を派遣した。ロシア隊は千島列島を南下し、安永《あんえい》七年（一七七八）六月には、根室のノッカマップに、翌年には厚岸《あっけし》に来航して、松前藩に通商を求めたが拒否された。その後、前章で述べたラックスマンおよびレザノフの来航を迎えることになるのだ。

経世家たちの活躍

このようなロシアの南下動向に対して、日本においては、主として知識人——その多くは経世家《けいせいか》と呼ばれた——から警鐘の声が上がりはじめた。経世家とは、徳川公儀体制の危機を意識し、世を治め、人民を救うこと、すなわち経世済民の具体的な政策等を論じて、為政者《いせいしゃ》の覚醒を促した在野の知識人群を指している。為政者とは、大名である場合ももちろんあるが、多くは将軍以下幕閣（大老・老中・奉行・目付といった幕府の重職官僚）を意識しており、経世家は幕府を批判する者と警戒され、政治犯として処罰されたケースも少なくなかった。

もちろん、経世家が誕生した背景には、支配階級の財政窮乏、社会規範の腐敗、農民の疲弊《ひへい》など、さまざまな社会的矛盾の顕在化があった。しかし、もっとも重要な契機は国防問題への危機感であり、その結果、我が国の思想史上重要な人物が、ロシアの脅威によって輩出しはじめることになったのだ。

その思想は、幕末にいたる諸思想に影響を与えたが、特に海防の重要性を強調したものが多く、対外思想を考える場合、無視できないものである。つまり、幕末の攘夷思想形成の源流とも言える。ここでは、ロシアとの関係に留意し、その一端に触れておこう。

まずは、医師であり、かつ経世家である仙台藩の工藤平助《くどうへいすけ》（一七三四〜一八〇一）である。工藤は蘭学者である前野良沢《まえのりょうたく》、大槻玄沢《おおつきげんたく》や、オランダ語通詞《つうじ》吉雄耕牛《よしおこうぎゅう》と親交があり、海防問題に特に関心が強かった。天明《てんめい》三年（一七八三）に、最初のロシア研究書とも言える『赤蝦夷風説考《あかえぞふうせつこう》』を著し、北方防衛の重要性を訴えた。本書は老中田《た》沼意次《ぬまおきつぐ》の目にもとまり、幕府主導による全蝦夷地沿海への探索隊派遣に結実したのだ。

その工藤と親交があった林子平《はやししへい》（一七三八〜一七九三）は、幕臣の子として江戸に生まれたが、姉が仙台藩主の側室となり、かつ兄が仙台藩に仕えたため、子平もまた宝暦《ほうれき》七年（一七五七）に仙台に移住した。武士とはいえ、終生無禄厄介の身分で、その身軽さからか、頻繁に各地に遊学した。その間、大槻玄沢、桂川甫周《かつらがわほしゅう》といった、そうそうたる蘭学者と親交を深め、長崎ではオランダ商館長とも懇意になった。当時としては、ずば抜けて幅広い交友関係から、海外事情に通じることになったのだ。

天明五年（一七八五）、子平は地理書・経世書である『三国通覧図説《さんごくつうらんずせつ》』を著し、隣接する三国、つまり、朝鮮・琉球・蝦夷を挿絵入りで解説した。ロシアへの防備策としての蝦夷地開発を提唱するなど、主としてロシアに対する備えとして、この三国を日本にとって要衝の地と位置づけていることは明白であり、きわめて政治色が強い。

翌六年に完成し、寛政三年（一七九一）にようやく全巻が刊行された『海国兵談《かいこくへいだん》』のなかで、子平は主としてロシアの南下に対して、江戸湾防衛や富国強兵を提唱するなど、斬新《ざんしん》な国防論を展開している。また、『三国通覧図説』を三国侵略の手引書と解説し、朝鮮蔑視論を展開した。そこでは、三韓征伐や秀吉の朝鮮出兵を賛美しており、対外侵略論、征韓論に発展する起点として重要である。子平の歴史的意義は、もっと認識されるべきであろう。

なお、老中松平定信《さだのぶ》は子平の著作を危険視し、寛政四年に版木《はんぎ》没収・子平の仙台蟄《ちっ》居《きょ》を命じて弾圧を加えている。これは、海防の不備を指摘され、しかも、独自の国防論を展開されては、軍事政権である幕府として、面子《メンツ》が立たなかったためだ。加えて、民衆が扇動されて、幕府批判を開始してはたまらないという思いも強かったからであろう。当時の幕府には、とても子平を抜擢《ばってき》して海防に当たらせようなどという、度量も度胸もなかったのだ。

残念ながら、この不世出の奇才は翌五年（一七九三）、不遇のうちに病死してしまった。ロシアのラックスマンが根室に来航して通商を求めたのが、奇《く》しくも子平の蟄居とほぼ同時であったことは、まさに歴史の皮肉と言えようか。

驚嘆すべき思想家

この時期で特筆すべき経世家は、絶対主義的思想家であり、農政家・兵学者でもある秋田藩士佐藤信淵《さとうのぶひろ》（一七六九〜一八五〇）である。天明四年（一七八四）に江戸に出たのを皮切りに、諸国を遊学して、蘭学・儒教・医学・天文学・測量術といった幅広いジャンルを貪欲に学んだ。

文化十二年（一八一五）には平田篤胤《ひらたあつたね》に入門し、尊王攘夷思想にも大きな影響を与えた平田国学を学んでいる。なお、この時期の信淵は、江戸を「東京」と改称し都を置く「二都制」も提唱している。

その信淵が文政六年（一八二三）に著したのが、奇書『混同秘策《こんどうひさく》』である。そのなかで、「皇大御国ハ大地ノ最初ニ成レル国ニシテ、世界万国ノ根本也、故ニ能《よ》ク其根本ヲ経緯スルトキハ、即全世界悉《ことごと》ク郡県ト為スヘク、万国ノ君長皆臣僕ト為スヘシ」と、度肝を抜くような意見を開陳する。

つまり、日本は世界で最初に建国された国家であり、世界万国の根本である。その根本として、秩序を立てて治めようとすれば、全世界はあっという間に日本の郡県（領土の一部）となり、万国の皇帝を臣下にすることができるという基本認識の下、日本至上主義にもとづく世界征服論を展開する。それは、中国から欧州への具体的な侵略策に貫かれており、驚嘆すべき内容と言えよう。

大政委任論はなぜ生まれたか

ところで、寛政期（一七八九～一八〇一）には、ロシアへの対抗上、祖法化された鎖国を対外方針として打ちだしたものの、一方で太平の世を貪《むさぼ》ってきた幕府は、すでに圧倒的な軍事的実力を国内外に示すことは叶わず、その統治能力に翳《かげ》りが見えはじめた。老中松平定信は、それを取り繕う策として、幕府の権威を朝廷の存在によって実質化しようとした。その結果、政治形態として認知されたのが、大政委任論である。

つまり、幕府は天皇（朝廷）から、軍事面だけでなく、その他すべての政治的・経済的な政策を立案し、実行する委任を畏《かしこ》くも受けているので、それに応えて日本を統治しているとのロジックを生みだしたのだ。好き勝手に支配しているのでなく、あくまでも天皇に代わって実行しているという大義名分論である。これによって、幕府は朝廷権威を隠れ蓑にして、国是・鎖国を守り、ひいては幕府自体の延命を試みたのだ。

幕末にいたり、攘夷の実行をめぐって朝廷と幕府が対立を深めた際に、どちらの命令を優先するかが問題となった。そこで幕府が、議論を有利に運ぼうとして大政委任論を持ちだしたことを契機に、この大義名分論は俄然《がぜん》クローズアップされた。こうして、幕末の攘夷にも影響を与える、きわめて重要な概念として、大政委任論は幕末政局に登場する。

寛政期以降、ロシアの南下、そして通商条約の要求は激しさを増し、ラックスマンやレザノフの来航があり、文化期（一八〇四～一八一八）は、外国船といえばロシア船籍であると言っても過言ではなかった。文政期（一八一八～一八三〇）に入ると、今度はイギリス船も日本の沿岸各地に出没をはじめ、前述の通り、幕府は文政八年（一八二五）に無二念打払令を発し、攘夷の旗幟《きし》を鮮明にする。

国学から後期水戸学へ

さて、ここまで述べてきた経世家の思想や論策は、その多くがロシアの脅威を肌で感じていた東北地方の知識人によって展開された。荒唐無稽《こうとうむけい》な内容も含まれているが、現実的な北方問題に端を発しており、信淵の侵略論は例外だが、大多数は積極的な進出論よりも、防衛をより意識した国防論であった。しかし、彼らの論策では天皇の位置づけがまだ曖昧《あいまい》である。

とはいえ、現実には西欧列強の進出に対する危機感に、大飢饉や一揆の頻発といった社会不安が重なり、それに対する幕府の武威の失墜や政策の拙《つたな》さが顕然化し、幕府や知識人の思惑を超えて、これらは朝廷の権威が期せずして浮上する起因となった。その流れは、国学の変容を促し、幕末に後期水戸学、尊王攘夷思想の展開に拍車をかけたのだ。

国学とは何か。元禄期にはじまった和歌や古典を研究する和学から発展し、『古事記』『日本書紀』の研究を通じて十八世紀前半に成立した、精神世界を日本の古典や古代史のなかに見出す学問である。中華思想はもとより、仏教・儒教（朱子学）といった外来の思想・宗教などを排除することが説かれた。万世一系の天皇の存在自体を、日本の優越性の根拠としており、幕府よりは朝廷が重んじられた。尊王論や攘夷論とも共通する立場であり、皇国思潮の促進を後押しした。

国学は、「国学四大人」と呼ばれる荷田春満《かだのあずままろ》、賀茂真淵《かものまぶち》、本居宣長《もとおりのりなが》、平田篤胤の系譜を持つ。なかでも平田篤胤（一七七六～一八四三）は、儒教・仏教と習合した神道を批判し、皇道（天皇がおこなう政治の道）の発揚を唱えて民衆を導いた。宗教的・神秘的色彩が濃厚であり、儒教・仏教に加えて蘭学やキリスト教まで援用して平田国学を確立した。そのなかで、儒教や仏教に影響されない日本古来の純粋な信仰、つまり古道を尊重する復古神道を完成させ、『霊能真柱《たまのみはしら》』『古史徴《こしちょう》』『古史伝』などを著した。

その思想は後期水戸学の生成に関与し、さらには尊王攘夷運動の大きな支柱となった。篤胤によって、国学は復古主義的・国粋主義の立場を強め、民間から生まれた「草莽《そうもう》の国学」として、尊王攘夷運動という政治の変革を求める運動にも結びつき、社会に大きな影響を与えた。

後期水戸学は、これまで述べてきた江戸時代の諸思想・学問を整理統合したところに大きな特色があろう。幕府が、封建社会を維持するために重視した朱子学をベースにし、上下の身分秩序を重んじて、礼節を尊ぶ精神を引き継いだ。また、経世論も取りいれ、政治・経済・農業・国防などを論じた。特に国防論を重視し、鎖国論を堅持して攘夷を声高に主張し始めた。加えて、平田国学を受け入れて、東アジア的華夷思想の中心に天皇を据え、尊王論の勃興を促したのだ。ナショナリズムの全国への浸透は、こうした後期水戸学によってもたらされた。

後期水戸学は、藤田幽谷《ふじたゆうこく》（一七七四〜一八二六）、その門人会沢正志斎《あいざわせいしさい》（一七八二〜一八六三）、幽谷の実子であり門人でもある藤田東湖《とうこ》（一八〇六〜一八五五）という「水戸学の三傑」の系譜を持つ。幽谷の没年は幕末期の直前、ペリー来航までまだ三十年近く前であるが、後期水戸学を思想的に基礎づけ、水戸藩内に根づかせた功績は後期水戸学の祖と呼ぶにふさわしい。

寛政三年（一七九一）に後期水戸学の草分けとされる『正名論《せいめい》』を著し、「幕府、皇室を尊べば、すなはち諸侯、幕府を崇《たっと》び、諸侯、幕府を崇べば、すなはち卿・大夫、諸侯を敬す」と唱えた。これによって、幕府の存在を肯定し、大政委任論を補強した大義名分論を主張した。尊王を前面に押し出しながらも、巧みに幕藩体制を擁護しており、封建制の存続を志向したのだ。

会沢は幽谷の思想を祖述し、包括的かつ体系的に表現して、藩内だけにとどまらず、後期水戸学の存在を広く世に知らしめた。尊王攘夷の思想を理論的に体系化し、幕末最大のベストセラーとなった『新論』を著し、尊王志士に大きな影響を与えた。その冒頭で、日本は神の国である。太陽が昇る国で元気が生じる国で、天皇は日本をはじめ世界の元首であり、天皇政治は万国が規範とする政体であり、天皇の威光は世界に輝きわたり、皇化が及ばないところはないと説く。しかし、今や欧米蛮夷は卑賤でありながら、世界に威を張ろうとして世界中を奔走し、諸国を蹂躙《じゅうりん》して大禍を招くとも知らずに、我が日本を凌駕しようとしていると警鐘を鳴らす。

また、どのような強敵・大敵であっても、我が国を侵略できないように、万事手落ちなく準備しておかなければならない。しかし、いまだに何も策を立てることなしに、西洋蛮夷に対して、ただ周章狼狽《ろうばい》して機を逸していると、幕府を痛烈に批判する。幕政批判は、『新論』のそこかしこに見られ、大きな特色をなしている。会沢はいたずらに幕府を批判したのではなく、むしろ幕府を鼓舞し、挙国一致で外圧に対抗することを企図した。しかし、結果として会沢の主張は、幕府廃止論に与《くみ》することになった。

東湖は徳川斉昭《なりあき》の側用人として、政治家としても活躍し、後期水戸学を単なる学問で終わらせず、政治の世界で実践し、学問と政治を融合することに成功した。東湖の活躍によって、水戸は後期水戸学の聖地となり、全国に勃興する尊王志士のコミュニケーションの中枢的役割を果たした。

その中心にいたのが東湖であり、全国の尊王攘夷運動の中核的人物として活躍した。東湖の会沢を継承する思想は、『弘道館記述義《こうどうかんきじゅつぎ》』において明らかにされ、水戸学の思想を簡潔に表現し、そのなかで「尊皇攘夷」の語をはじめて用いた。また、東湖の自叙伝的詩文『回天詩史《かいてんしし》』は、幕末志士たちに大いに朗吟され、深い感銘を与え続けたのだ。

こうして後期水戸学は、幕末を迎える思想的準備を果たしたが、東湖が安政地震（一八五五）で圧死したことで指導者を失い、迷走を始める。また、幕府権威の失墜によって、尊王のみならず敬幕的志向を持っていた後期水戸学は、時代から乖離《かいり》を始める。しかし、後期水戸学が持つナショナリズムは明治時代になっても尊重され、太平洋戦争まで生き続けた。つまり、後期水戸学は尊王志士のみならず、その後の日本人の心に棲みついていたと言っても過言ではなかろう。

このように、ロシアの南下政策に端を発した海防問題は、我が国に大きな動揺と不安を与え、幕府は不安定な対外政略をくりかえした。しかも、国内政策にもつまずき、幕府の権威は地に落ちた。一方で、朝廷権威は急上昇し、幕府はその勢威を利用して、何とか延命を図ろうとした。その朝廷の志向は、攘夷に強く向きはじめていた。

幕末の攘夷の準備は整いつつあったのだ。

そこに、ペリーが現れる。前置きが長くなったが、本書もいよいよ幕末時代に突入しよう。幕末の攘夷が、ここにはじまる。

攘夷は実行されていた

ペリー来航を論じる前に、まさに幕末の攘夷の先駆けとも言える、文政八年（一八二五）の無二念打払令前後からの状況を見ておこう。そもそも、無二念打払令のきっかけとなったのは、前述の通り、文化五年（一八〇八）、イギリス軍艦がオランダ船と偽って長崎港内に侵入し、オランダ商館員を一時拉致してオランダ船の捜索をした、フェートン号事件である。

イギリスはオランダ船の拿捕《だほ》を口実にしていたが、本当の目的は、物資の供給を日本に要求することにあった。長崎奉行（事後、責任を取って切腹）はイギリスの希望通り、食料と薪水の供給をおこなったため、商館員は解放されて軍艦は退去した。しかし、この事件によって、期せずして長崎警衛のずさんさ、および幕府や諸侯の海防

「フェートン号図」（複製。長崎歴史文化博物館蔵）

意識の低さが露呈してしまったのだ。これ以降、外国の脅威はロシアからイギリスに転換し、幕府を苦しめることになる。

その後、前述の通り、文政七年（一八二四）にいたり、イギリス捕鯨船の乗組員十二人が常陸・大津浜に上陸し、水戸藩に全員捕縛される事件が起こった。密貿易の疑いが持たれたが、食料と薪水を求めたもので、二ヵ月後には釈放された。

同年、イギリス捕鯨船が薩摩西南諸島の宝島に来航し、食料等を要求する事件も生じた。在番役人が拒否すると、イギリス人は小銃を発砲して牛を奪い取り、薩摩藩側も銃撃戦を展開し、イギリス人を一名射殺した。この事件はあまり知られていないが、局地的で散発的ではあったものの、江戸時代はじめての外国人との武力衝突として、じつは画期的な事件である。幕府はこのようなイギリス船の横暴に我慢できず、とうとう無二念打払令にいたったのだ。

しかし、幕府の強硬姿勢も、天保《てんぽう》八年（一八三七）のモリソン号事件によって、終わりを迎えることになった。浦賀に来航したアメリカの商船モリソン号に対して、イギリス船との誤認もあって、浦賀奉行所が無二念打払令に従って砲撃を加えた事件である。モリソン号はその後、薩摩の山川港に来航したが、ここでも威嚇砲撃されて、退去せざるをえなかった。

攘夷実行を外国船への砲撃とした場合、この事件はまさにそれに当たる大事件であった。幕府も薩摩藩も、幕末以前、ペリー来航前にすでに攘夷を実行していたのだ。モリソン号事件は、本来、日本史上、特筆すべき重要事件のはずである。

事件から一年後、モリソン号はマカオで保護されていた日本人漂流漁民の送還と、通商・布教を目的として来航したことがわかり、無二念打払令に対する世論の批判が強まった。それによって、幕府は大きな動揺を示し、当面の対応策として、対外政策を批判した中心人物である渡辺崋山《わたなべかざん》・高野長英《たかのちょうえい》を捕縛した。いわゆる蛮社《ばんしゃ》の獄《ごく》である。

　こうしたモリソン号事件への批判を受け、またアヘン戦争（一八四〇～一八四二）における清の惨敗に驚愕した幕府は、それまでの無二念打払の政策を転換し、天保十三年（一八四二）には遭難した船に限り認める、薪水給与令を発令した。

ペリー来航と鎖国堅持

　その後のペリー来航までの十年間、やはり日本近海はあいかわらず騒々しかった。たとえば、天保十四年（一八四三）には、ロシア船が択捉島に漂流民を護送し、また、イギリス艦サマラン号が八重山諸島に上陸して測量をおこなった。同十五年（一八四四）には、フランス艦アルクメーヌ号が那覇に来航して通商を求めた。弘化《こうか》三年（一八四六）には、アメリカ東インド艦隊司令長官ビッドルが軍艦二隻で浦賀に来航し、通商を求めた。さらに、嘉永二年（一八四九）、イギリス軍艦マリナー号が浦賀沖に侵入し、江戸湾の測量を実施した。

　これらは、ほんの一例であるが、このように頻繁に外国船が来航する状況を憂《うれ》え、弘化三年、孝明《こうめい》天皇は幕府に対して、「海防勅書」を沙汰してその対応を求めたのだ。幕府はこれに対し、すぐに外国船の来航状況などを回答した。これは、朝廷が対外問題に関し、幕府に物を言う最初の出来事であった。これが前例となり、後年、通商条約の調印が問題になった際、幕府は朝廷に勅許を求めたのである。そして、いよいよ我が国はペリーを迎える。

嘉永六年（一八五三）六月三日、旗艦サスケハナ号など四隻の軍艦を率いて、ペリー（一七九四〜一八五八）が浦賀に来航した。その目的は、帝国主義的な植民地獲得競争に遅れたアメリカが、中国への進出のための太平洋航路の開拓と、主要寄港地を求めたことにあった。もう一点は、当時最盛期を迎えていた捕鯨産業のため、漂流民の保護要請や捕鯨船の物資補給を目的とした寄港地の確保にあった。

ペリーは長崎への回航要求を拒み、江戸湾を北上して測量を強行するなどの示威行動を繰り返した。そのため、幕府は九日には久里浜においてペリーと会見し、フィルモア大統領からの国書などを受け取った。しかし、この段階では一切外交交渉はなされず、ペリーは一年後の再来を予告して早くも十二日には出航した。

これは一ヵ月以上の食料や水がなかったこと、太平天国の乱による清の政情不安から、軍艦を差し向ける必要があったことが大きな理由である。また、幕府が回答までの時間を引き延ばすことが容易に想定でき、満足すべき回答がないまま出航せざるを得ない場合、日本が勝利したと解釈され、今回の使命に大きな汚点を残すことが懸念材料となった。

嘉永七年（一八五四）一月十四日、ペリーは半年程度で早くも再来を果たした。これはピアース新大統領がペリーの使命に対して消極的になったこと、また清国駐在公使マーシャルがペリー艦隊に援助を求めたため、ペリーとマーシャルの間で軋轢《あつれき》が生じたことから、ペリーが焦燥感を募らせたことによる。

これを迎え撃つ老中阿部正弘《あべまさひろ》（一八一九〜五七）は、当時の実力者である徳川斉昭を取り込むため、嘉永六年七月に海防参与に任命した。斉昭は盛んに建白をしたが、そのなかで「内戦外和」の主張を繰り返した。その中身は、国内では危機感を煽って武備を充実させ、それまでは交渉を引き延ばそうという消極策で、いわゆる「ぶらかし」戦法である。

嘉永六年十一月一日、幕府はペリーの再来を見越し、大号令を発してどのように対応するのかの方針を世に示した。ペリーの要求に対する諾否は留保したままで、なるべく平穏に処理するという漠然としたレベルのもので、まさに「ぶらかし」戦法そのものであった。また、アメリカが武力を行使する可能性に対する覚悟を促し、万一、アメリカから戦端を開くことがあれば、一同奮発して国体を汚すことがないように、挙国一致での総力戦を厳命した。しかし、その主意はあくまでも「ぶらかし」にあって、本心から戦闘をする意思などなかったのだ。

阿部は斉昭と諮って対外方針を決定する一方で、諸侯・幕閣・幕臣らに大統領国書の訳文を示して、広く意見を聴取した。画期的な言路洞開《げんろとうかい》（言論の自由の保障）の取り組みである。多くの意見は、「ぶらかし」論に沿った内容であり、祖法である鎖国体制を堅持し、武備充実までは交渉を引き延ばすことを主張していた。しかし、勝海舟《かつかいしゅう》などの一部の幕臣は、寛永期以前、鎖国は祖法などではなかったとし、通商は認めて貿易の利潤によって軍艦を建造するなど、武備充実を図ることを提言した。しかし、幕閣はこれら少数意見には耳を傾けなかった。

嘉永七年三月三日、日米和親条約がペリーと日本側全権の林復斎《はやしふくさい》との間で締結された。その最大のポイントは通商を回避し、和親にとどめたということである。つまり、開国と位置づけられてきた日米和親条約は、当時の日本人にとってみれば、鎖国政策を順守したことに他ならなかった。確かに、正式な国家間の条約ではあったものの、これ以前に天保の薪水給与令があり、内容的にはその考え方となんら矛盾していないのだ。これは撫恤政策と言えるもので、鎖国と通商の中間のような政略であるが、あくまでも鎖国の枠内である。一年半後にその報告を受けた孝明天皇が嘉納したことからも、鎖国体制の堅持と同時代人は認識した。

通商を求めたペリーに対し、林復斎は人権を振りかざすペリーを論破して、通商は断固拒否し、何ら問題に発展せずに了承を得ている。幕府が単なる弱腰外交の一辺倒でなかった証拠である。一方で、アメリカが日本との貿易には多くを期待していなかったことも事実であり、フィルモア大統領からの国書にも、貿易については五年ないし十年間、試験的に実施し、利益がないことがわかれば、旧法に復することもできると明記されていた。鎖国の維持に成功した幕府ではあったが、開国は秒読みに入ったのだ。

阿部正弘と安政の改革

この難局に対して、最初の大きな外交的決断を強いられた老中阿部正弘について触れておこう。天保十四年（一八四三）に二十五歳で老中となった阿部は、安政四年（一八五七）の逝去時までその地位にとどまり、十二代将軍家慶《いえよし》、十三代家定《いえさだ》の幕政を統括していた。

阿部は安政の改革を断行したが、その基本構想は、譜代門閥制度を打破することであり、つまり、譜代大名に独占されていた老中制度による幕府独裁を修正することにあった。これは、朝廷と有力大名（御三家・一門・外様雄藩）の協力を得て、挙国一致体制の構築を企図したもので、その背景には直面する外交問題に対応できない、幕府の深刻な武威低下があった。薩摩藩主島津斉彬《しまづなりあきら》、越前藩主松平慶永《よしなが》（春嶽《しゅんがく》）、宇和島藩主伊達宗城《だてむねなり》と連携し、水戸（徳川）斉昭を幕政参与とし、将軍継嗣としては一橋《ひとつばし》慶喜《よしのぶ》を推した。

具体的な施策としては、外交・国防問題に専従させる海岸防禦《ぼうぎょ》御用掛（海防掛）を任命し、幕臣の子弟のために、軍事的養成機関である講武所《こうぶしょ》を設置した。加えて、江《え》川英龍《がわひでたつ》（太郎左衛門）に命じて、品川台場を造営させた。こうして、海防・軍事の強化をめざしたのだ。

阿部正弘画像（福山誠之館同窓会蔵）

諸藩に対しては、寛永十二年（一六三五）の大船建造禁止令を廃止し、海防の強化を命じた。また、幕臣以外にも広く門戸を開放した国家レベルでの取り組みとして、洋学教育・外交問題研究機関である蕃書調所《ばんしょしらべしょ》、および海軍士官養成機関である長崎海軍伝習所を設置した。

なかでも、もっとも重要な阿部の政策は人材登用であろう。たとえば、勝海舟、大《お》久《く》保《ぼ》忠寛《ただひろ》（一翁）、岩瀬《いわせ》忠震《ただなり》、川路聖謨《かわじとしあきら》、江川英龍、中浜万次郎《なかはままんじろう》、高島秋帆《たかしましゅうはん》、永井尚《ながいなお》志《むね》、筒井《つつい》政憲《まさのり》、井上清直《いのうえきよなお》、水野《みずの》忠徳《ただのり》などを大抜擢した。彼らの多くは、目付・海防掛といった要職に起用され、その後の安政の大獄で罷免等の弾圧を受けたが、この間は外交問題を中心として、阿部を補佐して幕政を担った。

阿部政権は、外様大名から庶民に至るまで、外交問題についての意見を募るなど、開放的な政策をおこなった。その結果、身分や組織の枠を超えて議論を進める、いわゆる「処士《しょし》横議《おうぎ》」の風潮を生み、幕政批判が公然と起こる下地が形成された。安政の改革は、幕府に一服の清涼剤を与え、立ち直りのきっかけになるかと思われた。しかし、その矢先に、大老井伊《いい》直弼《なおすけ》（一八一五～一八六〇）による恐怖政治がはじまり、元の木阿弥に帰してしまったのだ。

条約調印を強行

阿部は安政四年（一八五四）に老中在任のまま急死したため、その推挙を受けて老中首座となり、外国掛老中を兼ねていた堀田《ほった》正睦《まさよし》（一八一〇～一八六四）が後継者となった。その堀田を待ち構えていたのは、通商条約問題であった。

日米和親条約締結につづき、その先の通商条約締結を前提としていたアメリカは、駐日総領事ハリスによる攻勢を強め、幕府もそれを回避できないことを認識するにいたった。これは鎖国政策を逸脱し、国体の変革を意味するものであった。そのため、堀田は締結前に諸大名への諮問をおこない、さらに勅許を得ようと試みた。岩瀬忠震、川路聖謨を率いて自らが上京して運動したが、攘夷思想に凝り固まった孝明天皇や廷臣の大きな壁に阻まれた。

なお、松平春嶽は橋本左内《はしもとさない》を上京させ、堀田の援護射撃と慶喜の将軍継嗣決定の周旋をおこなわせたが、いずれも朝廷を動かすことは叶わなかった。将軍継嗣問題に危機感を覚えた譜代門閥大名や、水戸斉昭の干渉を忌避する大奥は、斉昭の子である慶喜の擁立を阻止するために、血統重視を主張し結束するにいたった。そこに登場したのが、井伊大老である。堀田や開明派の海防掛の前途に、暗雲が一気に立ち込めたのだ。

井伊は勅許獲得の失敗を踏まえ、諸侯の意見を通商条約の容認に取りまとめる姿勢を示すなど、慎重な態度を表明した。しかし、イギリス・フランス連合と清との間に起きた紛争、アロー号事件の余波を受け、安政五年（一八五八）六月、勅許を得ずに日米修好通商条約を締結した。これによって、一応、対外問題は一区切りとなったが、国内は国是（国の対外方針。攘夷または開国）や国体（国のかたち。王政復古または大政委任）を争点に、内乱寸前の騒乱を迎えることになる。

変転するロシアとの関係

ここからは幕末外交史において、これまで注目してきたロシアの動向に触れておきたい。日露関係は、幕末の攘夷にも大いに影響を与えており、その後の日露交渉の経過は丁寧に見ておく必要がある。

さて、日本に通商を求める列強諸国には、イギリス・アメリカには遅れたものの、当然ロシアも含まれた。先に述べたフヴォストフ事件の報復として、文化八年（一八一一）に軍艦ディアナ号艦長のゴローニンが日本に抑留された。一方、廻船問屋として海運業で大成した高田屋嘉兵衛（一七六九～一八二七）が、その報復として翌年に、国後島で副艦長のリコルドにより捕らえられた（ゴローニン事件）。なお、事件そのものは、嘉兵衛の尽力で解決しており、その経緯は、司馬遼太郎の小説『菜の花の沖』に詳しい。

しかし、この一連の経緯を通して、態度をいっそう硬化させた幕府は、通商を断固拒否し、ロシア船の打ち払いまで宣言したため、日露間の交渉は、それ以降の約五十年間、頓挫することになった。ロシアに対する攘夷の成功である。ロシアは清との内陸貿易が大打撃を受けており、さらにイギリスの日本への勢力伸長が、東アジアの権益を脅かすものと危惧した。また、アメリカの捕鯨船もオホーツク海のロシア領沿岸に達していたが、輪をかけて、ペリー艦隊派遣の一報はロシアに大きな衝撃を与えていた。こうした情勢の変化を背景に、ロシアは再度、日本に通商を迫る使節派遣を決定したのだ。

ペリーが来航した嘉永六年（一八五三）、ロシア使節プチャーチン（一八〇四〜一八八三）は艦隊を率いて長崎に来航し、国境の画定と開港・通商を求めた。当初、幕閣内では、長崎に来航し穏健な対応をするロシア一行に対して親露論が支配的となり、ロシアとのみ通商条約を結び、連携して米英を防ぐという政策すら登場した。しかし、この画期的なプランは、幕政参与の水戸斉昭の猛烈な反対で、立ち消えとなった。

その後、クリミア戦争（一八五三〜一八五六）の勃発によって、交渉は中断を余儀なくされたが、戦時下の安政元年十二月（一八五五年二月）、下田で日露和親条約が締結された。これにより、下田・箱館・長崎の三港が開かれ、国境は千島列島の択捉島と得撫島の間とし、樺太はこれまで通りの雑居地とされた。さらに、プチャーチンは安政五年（一八五八）七月、江戸において、関税自主権がない不平等条約である日露修好通商条約を結んだ。

しかし、万延二年（一八六一、二月十九日に文久に改元）二月、友好的な日露関係が破綻し、日本の主権が侵される危険性を露呈した、ロシア軍艦による対馬占領事件が勃発した。本国政府の許可もなく、海軍中尉ビリリョフは軍艦ポサドニック号で対馬に来航し、租借地を要求して居座ったのだ。ロシア兵は番所を襲撃して武器や食料を強奪し、住民を拉致・殺害するなど粗暴な振る舞いがめだち、住民とのトラブルが後を絶たず、対馬藩は困難な状況をきわめた。

幕府はこの緊急事態に対して、何ら有効な解決方法を見出せないでいたが、イギリス公使オールコック（一八〇九～一八九七）は老中安藤信正《あんどうのぶまさ》に対し、幕府の依頼なしに、イギリスは武力に頼ってでも、ロシアを撤退させる旨を言明したのだ。

オールコックは、このまま放置すればロシアは日本を併合する危険があり、一部の領有であっても、イギリスの東アジア政策に大打撃を与えると判断した。よって、本国政府に対して、ロシアが退去しない場合は、イギリスが武力で対馬を占領すべきことを進言している。日本を舞台にして、英露紛争が勃発しかねない緊張が走ったのだ。

結果として、ポサドニック号は六ヵ月後の同年八月に、イギリスの圧力に屈してようやく退去したものの、国防上もっとも重要である対馬という要衝の地ですら、幕府が放置したままであることがはっきりしてしまった。また、ロシアに対してなす術《すべ》がなく、イギリスの介入を招いたことは、幕府の武威に致命傷を与えた。さらに、対馬藩において、積極的な国防政策としての征韓論を派生させることにもつながったのだ。

もう少し先まで触れておくと、十九世紀半ばのロシアはクリミア戦争の敗北によって、ロマノフ朝の絶対帝政の権威が揺らぎはじめた。国内には自由と啓蒙の精神が勃興し、それに応じて、農奴解放による近代的国民国家への変革を図った。

一方で、社会不安の矛先をかわすためと、西アジア方面への侵出の挫折を踏まえ、再び東アジアでの南下政策を重視してきた。北京条約（一八六〇年）によって、ロシアは清から沿海州を獲得して、ウラジオストク港を建設し、不凍港として東アジアにおける重要港と位置づけた。そして、この地域の防衛上の重要性から、樺太全島の領有を企図することになったのだ。

明治維新後、当初の太政官政府は、樺太の全島放棄は念頭になく、北緯五十度以南を日本領と主張したが、気候が劣悪であり、土地は不毛で開発が難しいとの認識から、北海道開発に全力を挙げるべきとの主張が優勢となった。そもそも、当時の我が国の資本主義の段階では、樺太の資源開発は不可能であった。よって、明治八年（一八七五）に樺太・千島交換条約が結ばれて、千島列島はすべて日本領、それまで両国民雑居とされていた樺太全島はロシア領とされた。

この条約は、弱小国日本が西欧列強と対等の立場で交渉し、妥結した最初の条約であった。また、ロシアが全千島列島の放棄に同意したのは大きな譲歩であり、日本が北洋の漁業権、その他の特権を確保したのは外交的成功と言えよう。しかしこれ以降、ロシアとの関係は、朝鮮半島をめぐって悪化の一途をたどる。本書では、これ以上は紙幅の関係から言及できないが、日露戦争はもう三十年後に迫っていた。

幕閣たちの世界観

ペリー来航からの難しい幕末外交の舵取りをおこない、和親条約・通商条約の締結に尽力していた幕閣、つまり、阿部正弘・堀田正睦・井伊直弼・岩瀬忠震らは、いずれも攘夷を忌避した開国主義者とされているが、はたしてその実相はいかがであろうか。ここではその問題について、掘り下げて考えてみたい。

その前に、当時の武士階級の一般的な対外認識に触れておこう。その鍵となるのが、後期水戸学である。それは、東アジア的華夷思想の中心に天皇を据えて、尊王攘夷思想の勃興をもたらしていた。しかし、その思想は封建制を前提として、幕府や諸侯の存在を巧みに肯定していた。幕府が朝廷を尊奉すれば、大名は幕府を崇拝し、家臣は大名を尊敬するというロジックである。

後期水戸学は上下の秩序論を展開しており、徳川公儀体制を補完して、大政委任の正当性を保証する思想であった。当時の武士階級は、多かれ少なかれ、この思想に感化されており、つまり、攘夷思想の持ち主であったのだ。幕閣であっても、それを免れるものではなく、基本ベースとして攘夷があった。そして、阿部や井伊も、その思想に支配されていたのだ。

では、幕閣の対外認識を順に見ていこう。和親条約を調印した福山藩第七代藩主阿部正弘は、一般的には開明的で開国を推進していたと考えられている。しかし、実際の阿部は無二念打払令の復活をたびたび諮問し、攘夷を主導する水戸斉昭を海防参与に任命するなど、攘夷方針を貫いたかに見える。たしかに、結果として通商条約に待ったをかけ、真の開国を先延ばしにしたのは、この阿部である。

一方で阿部は、海防掛を設置し、大幅な人材登用を図るなど、この先の厳しい対外交渉に備えていた。実際に、阿部に登用された岩瀬忠震らがこの後の通商条約交渉という難局を切り抜けていくのだ。なお、阿部が復活を望んだ無二念打払令は、海防掛の反対にあって断念しているが、これは、それも計算に入れた阿部の策略であるとの見方もある。つまり、無二念打払令の復活は阿部の真意ではなく、斉昭ら攘夷強硬派の不満をそらすためのパフォーマンスであったとしている。

筆者も、その意見に基本的に同意する。阿部はバランス感覚をもって政局を運営しており、その真意は攘夷にあるものの、無二念打払令といった過激な攘夷実行を志向していたのでは決してなかった。そうでなければ、岩瀬など登用できるものではない。阿部が堀田正睦に老中首座を譲り、外交を任せたのは、自身は反対派を抑える調整弁となりながら、堀田をアシストするためであった。

阿部亡き後、通商条約締結に向け邁進したのは老中堀田正睦である。佐倉藩の第五代藩主で、寺社奉行や大坂城代などを務めた後、天保八年（一八三七）に一回目の老中就任となった。天保十四年（一八四三）に水野忠邦《ただくに》と対立して辞職したが、安政二年（一八五五）に阿部の推挙を受けて老中に再任され、以降はハリスとの交渉に本腰を入れた。また、慶喜を将軍継嗣に推したが、これは慶喜贔屓《びいき》の朝廷を懐柔する目論見もあったためである。

堀田は条約勅許に自信を持っていたが、自身が上京しての運動は空振りとなり、しかも上洛中に、老中松平忠固《ただかた》らの工作により、紀州（徳川）慶福《よしとみ》（後の十四代将軍家茂《いえもち》）を推す南紀派の井伊直弼が大老に就任した。すると、堀田も一橋派として排斥を受けることになり、老中職を罷免された。

ところで、堀田は藩主として、蘭学を強く奨励しており、藩邸内で蘭学教育をおこない、また、蘭方医佐藤泰然《たいぜん》を招聘《しょうへい》して順天堂《じゅんてんどう》を開設し、周囲からは蘭癖と揶揄《やゆ》された。こうした経歴から、堀田は阿部以上に開国派であると見られてきた。

堀田正睦画像（『幕末・明治・大正回顧八十年史』より）

しかし、実際の堀田は、岩瀬の影響もかなり受けており、通商条約締結の上、「広く万国に航し、貿易を通じ、彼が所長を採り、此の不足を補い、国力ヲ養《やしな》い、武備を壮《さかん》にし」（『幕末外国関係文書』）と、貿易の利潤によって武備充実を図ることを主張する。

彦根城の金亀児童公園に建つ井伊直弼像

そのうえで、少しずつ万国の者たちを我が国の威徳に服従させて、「終《つい》ニ世界万邦至治之《の》恩沢を蒙《こうむ》り、全地球中之大盟主と被仰《あおがれ》候様之御処置こそ有之度《これありたし》」と、地球規模での覇権を握る、大中華帝国の建設を提唱した。堀田の開明性の裏には、強烈な国学・後期水戸学的な攘夷思想が存在しており、堀田にとって、通商条約は武備充実のための必要悪なのだ。

井伊直弼については、読者もじゅうぶんにご存じの人物なので、多くを語ることは控えたいが、井伊もまた大いなる開国論者と言われている。平成二十年（二〇〇八）は、通商条約締結から百五十年目にあたり、「井伊直弼と開国150年祭」が彦根市で開催された。そのコンセプトは、「この記念すべき日米修好通商条約締結百五十周年を期して、日本を開国に導き、開港により諸外国との交易・交流の門戸を開いた、彦根藩主井伊直弼という人物を再評価」するとしている。

しかし、実際の井伊は、最後まで通商条約の締結には慎重であった。全権委任した岩瀬忠震らに、窮した場合は調印をしてもよいとの言質《げんち》を与えたため、実行されたというのが真相である。ここで注視しなければならないのは、井伊の決断も、その意識においては、徳川公儀体制の枠内であったことである。

つまり、撫恤政策を取れなくなったため、やむをえず一時凌《しの》ぎで締結したが、武備を調えた暁には破棄するというもので、鎖国政策を時限的に放棄するとの認識であった。これは多分に朝廷を意識した方便のようにも見えるが、井伊も、その真意は海軍力強化のため、当面の通商条約を容認していたのだ。

真の開国の恩人・岩瀬忠震

最後に、事実上の通商条約締結の推進者、岩瀬忠震（一八一八〜一八六一）の対外認識を確認しよう。岩瀬は目付・海防掛・外国奉行として安政五ヵ国条約すべての交渉を主導し、実際に署名している。開国の恩人は井伊などではなく、本来は、歴史から忘れられている岩瀬である。

岩瀬は林述斎《はやしじゅっさい》（林羅山《らざん》を祖とする林家の大学頭《だいがくのかみ》）の孫であり、昌平坂学問所《しょうへいざかがくもんじょ》（昌平黌《しょうへいこう》）で頭角を現し、嘉永七年（一八五四）に徒頭《かちがしら》から目付・勝手掛・海防掛に就任

日英修好通商条約の交渉代表団。後列左が外国奉行当時の岩瀬忠震（ヴィクトリア＆アルバート美術館蔵）

し、外国奉行、作事奉行を歴任した。官位は安政二年（一八五五）に従五位下伊賀守《いがのかみ》に、その後、肥後守《ひごのかみ》に叙任された。

　また、阿部老中の下で講武所・蕃書調所・長崎海軍伝習所の開設、品川台場の築造に尽力し、さらに、ロシア使節プチャーチンが安政東海地震でディアナ号を失った際、代船建造を戸田《へだ》（静岡県沼津市）でおこなったが、岩瀬は造船技術を実地で習得できる絶好の機会と捉えた。そこで、幕臣を派遣したり、諸藩士であっても現地に赴くことを許可したりしている。なお、造船に関わる戸田の船大工たちに技術習得を命じ、すぐさま「君沢型《きみさわがた》」という国産船を建造させた。この大工たちは、日本近代造船、その先の海軍創設での中心的な役割を果たすことになる。

この岩瀬は、同時代人からもっとも評価が高かった幕閣であろう。同僚の幕臣からは、「識見卓絶して才機奇警、実に政治家たるの資格を備えたる人なり」（福地桜痴《ふくちおうち》『幕末政治家』）、「天資明敏才学超絶書画文芸一《いっ》として妙所に臻《いた》らざるはなし」（木村喜毅《よしたけ》『幕府名士小伝』）と絶賛される。

また、めったに人をほめない幕末の偉才、橋本左内は、「有名に愧《は》じず、胸中自ら宏大の略有り、実に感心仕り候。（中略）急流激泉の如く、才に応じて気力も盛んに相見え、断有り、識有り、実に倚頼すべき底《てい》に相見申し候」（『橋本景岳全集』）と讃えており、枚挙にいとまがない。

ところで、実際に岩瀬と交渉をおこなったハリスは、明治四年（一八七一）にアメリカで対面した福地桜痴に対し、「岩瀬の機敏なるや論難口を突《つい》て出で往々ハルリスをして答弁に苦ましめたる而已《のみ》ならず、岩瀬に論破せられて其《その》説に更《あらた》めたる条款も多かりし」（『幕末政治家』）と語っている。岩瀬、恐るべしである。

なお、岩瀬忠震らが結んだ通商条約は不平等条約であり、その無知さ、非開明性をことさら非難する向きがある。しかし、この意見にはまったく与することはできない。そもそも、岩瀬は外交官として、安政四年（一八五七）六月には貿易実態を調査するために香港渡航を願い出た。その発想は、桁外れにユニークである。これは勘定奉行・勘定吟味役グループによって阻止されたが、幕閣では結論が出せず、最終的には将軍家定の決済を仰いでいる。これが実現していたら、あるいはハリスとの交渉をもっと優位に運べたかもしれない。

片務的領事裁判権（治外法権）について、ほとんど議論されることもなく、日本側が受け入れている。しかし、なぜそう易々と認めてしまったのかについては、その前提となる事情を説明する必要があろう。当時は日本人が外国に渡航することは国禁であった。通商といっても、現実的には外国船による日本の港での取引であり、我が国の商人が外国に乗り出すことなど想定外であった。つまり、この段階では海外渡航などありえず、領事裁判権を考慮する必要など毛頭なかったのだ。

一方で、外国人の遊歩規定は厳しく定められていた。清（中国）とは違って、内地雑居は断固として阻んでおり、外国人がその居留地から外出して自由に活動できる範囲は、開港場からの距離を最大十里（約四十キロメートル）とするように定められた。外国人は居留地に閉じ込められ、商人以外の日本人との接触は極めて稀であった。しかも、横浜はまるで長崎の出島のように設計され、隔離された空間であった。

岩瀬らが領事裁判権（治外法権）をどこまで意識できていたかは知る由もないが、このように用意周到に日本人と外国人を隔離し、紛争など起こりえない環境を作り出していた。

関税自主権について、通商条約では輸出税は一律五％、輸入税は一類（金銀、居留民の生活必需品）が無税、二類（船舶用品・食料・石炭）が五％、三類（酒類）が三五％、圧倒的多数を占めた四類（その他）は二十％であった。つまり、通商条約の調印時の輸入税は、概ね二十％と考えることができる。

当時、世界の工場と呼ばれたイギリスは自由貿易主義を標榜し、その植民地とともに輸入税・輸出税ともに、たったの五％であった。圧倒的な工業力と軍事力を背景に、安価な原料を輸入して、世界中に安価な製品をばらまいていた。当時の日本人は、イギリスによる植民地化を恐れていた。しかし、実際にはイギリスにそのような野心などはまったくなく、貿易が円滑におこなわれさえすればそれでよかった。その代わり、通商条約がきちんと履行されない場合は、断固たる処置をとることも辞さなかった。

しかし、イギリスのような国家は実に稀であり、多くの場合は保護貿易主義を唱えていた。アメリカを例に取ると、産業革命を経ていたとはいえ、この段階では十分な工業化がまだ図られておらず、帝国主義的な国家としても大きな後れをとっていた。脆弱な国家基盤の許では、とても自由貿易主義などは叶わず、アメリカは三十％の輸入税を課していた。日本の二十％はそれ相応の数字であり、まったく不平等などではないのだ。

文字通り不平等条約となったのは、慶応二年（一八六六）五月十三日に英米仏蘭の四ヵ国代表との間に結ばれた改税約書からである。輸入税が一律五％に改められたことにより、安価な商品が大量に流入して、また、幕府による鎖港方針もあって、著しい輸入超過に移行した。そして、国際貿易収支が不均衡になったのみならず、日本における産業資本の発達が著しく阻害されることになった。改税約書は、四国連合艦隊による下関砲撃事件の賠償金の三分の二を減免するためであり、文久期以降の攘夷運動のツケを払わされたのだ。この事実は極めて重い。

この通り、岩瀬が結んだ通商条約は、決して不平等条約などではない。その後の攘夷運動によって、不平等に改変されたというのが真相である。そして、その攘夷運動を推進した長州藩や薩摩藩の下級藩士たちは、明治の官僚となった。彼らは自身の行為を棚に上げ、ことさら幕府の外交政策を弱腰などと非難した。岩瀬らの功績を隠蔽し、否定しなければ彼らの立場がなかったのだ。こうして作られた薩長藩閥史観は、実は今でもまかり通っている節がある。攘夷の思想を持ちながら、日本の植民地化を阻止し、将来の世界への飛躍を期して武備充実など富国強兵を図るため、あえて開国に踏み切った、岩瀬忠震をはじめとする幕閣たちの崇高な志を決して軽視してはならない。

全世界を征服して日の丸を打ち立てる

その岩瀬も、東アジア的華夷思想にもとづく攘夷主義であった。それは、「日本ノ旗号、五洲ニ遍《あまね》シ」（松岡英夫『岩瀬忠震』）や「天帝に代わり、忠孝信義の風をもって貪婪《どんらん》虎狼《ころう》の俗を化し、五世界中一帝となすようにする」といった発言からうかがえる。天皇に代わって、我が忠孝・信義の国風をして夷狄を教化し、全世界を征服して日の丸を打ち立てるという壮大さである。

一方で、そのためには通商条約を締結し、貿易の利益をもって、武備充実を図る必要性を強調する。そのうえで、通商条約を破棄し、世界に冠たる華夷帝国の建国を提唱した。岩瀬はこの信念を貫き、一連の条約調印に我が国を誘《いざな》ったのだ。なお、通商条約締結にあたっては、岩瀬はそのために現地視察が必要として、香港渡航を願い出たほか、ハリスに条約批准をワシントンでおこなうことを進言したりした。前者は勘定奉行などの反対で頓挫し、後者は実現したものの、そのときの岩瀬は永蟄居《えいちっきょ》の身で、勝海舟らにその栄誉を譲っている。

ところで、開港場所については、当時、議論百出であったが、江戸から離れた場所とすることが、多くの幕閣の共通認識であった。しかし岩瀬は一人、横浜を主張し、その方向性で海防掛を牽引した。これは江戸・横浜経済圏を確立し、大坂に集中した経済機構の打破をめざしたもので、幕府が貿易の富を独占して、まずは率先して武備充実を図ろうとした。まさに、大きな政治的な施策とも言えよう。なお、横浜市や郷土史研究会などによって、碑の建立や伝記刊行等を通じて、岩瀬を横浜開港の恩人とする顕彰がすすめられた。

こうした岩瀬の時勢展望の合理性や積極性、幕権宣揚のための構想の明快性、またその発想の雄大さは、どれもこれも人を惹《ひ》きつける魅力を持っていた。堀田老中も岩瀬に大いに惚れこんだ一人であり、岩瀬をブレーンとして指名し、外交問題だけでなく政治運動も含めて、大いに依頼することになったのだ。

その岩瀬であるが、「この調印の為に不測の禍を惹起《じゃっき》して、あるいは徳川氏の安危に係わる程の大変にも至るべきが、甚だ口外し難き事なれども、国家の大政に預る重職は、この場合に臨みては、社稷《しゃしょく》を重しとするの決心あらざるべからず」と述べており、幕府よりも社稷（国家）が大切であるとの認識を示している。

その思想は、文久期の大久保忠寛（一翁）による大政奉還論、勝海舟の西国雄藩との接触等の幕閣系譜の動向に継承されており、岩瀬の先見性にも注目すべきであろう。大久保は岩瀬の同僚として、勝は長崎伝習所時代の接触によって、岩瀬に感化されており、その開明的・進歩的な思想を直に継承したのである。

志半ばで早世する

さて、安政の五ヵ国条約すべての調印を終えた岩瀬を待っていたのは、井伊大老による弾圧である。一橋慶喜を将軍継嗣として擁立しようとした政治的動向を、睨《にら》まれたのが直接の引《ひ》き鉄《がね》ではあるが、井伊は岩瀬の卓越した開明性に怖さを感じていたのだろう。また、かの井伊に対して、面と向かって罵倒できる岩瀬を、権威至上主義者の井伊が許すはずはない。

山内容堂《やまうちようどう》は堀田正睦に対して、岩瀬を失えばアメリカとの交渉は行き詰まるとして、何としてでも岩瀬の追放を阻止しなければならず、それに尽力することを強く要請した。また、松平春嶽も同様な意見を持っており、賢侯たちも岩瀬救済に心を砕いていた。しかし、岩瀬は作事奉行に左遷後、安政六年（一八五九）に永蟄居に処せられ、わずか二年後の文久元年（一八六一）、失意のうちに病死した。

その死因は判然としないが、蟄居生活への鬱憤《うっぷん》が蓄積した結果ではなかろうか。井伊は岩瀬を死に追いやり、結果的に幕府の寿命を縮める役割を果たした。同時期に弾圧された目付・海防掛の仲間たちが、この後軒並み復権し、大きな足跡を残したことを考えると、あまりに惜しいその早世である。

以上見てきた通り、和親条約・通商条約を結んだ幕閣の世界観は、ことごとく東アジア的華夷思想に支配された攘夷思想にあった。一見、開国主義に見えるその思想は、あくまでも将来の世界征服のための一時的な方便に過ぎない。開国とは、貿易の利益による武備充実のための、積極的でやむをえない戦略であったのだ。

第三章　坂本龍馬の対外認識

政争の本質はどこにあるか

幕末は中央政局、つまり京都において政争がくりひろげられた時代であった。本格的に国内が沸騰をはじめるのは、安政五年（一八五八）六月の日米修好通商条約の締結からであろう。大老井伊直弼《いいなおすけ》は勅許を得ないまま条約に調印し、しかも、朝廷へは宿継奉書《しゅくつぎほうしょ》という、届け捨ての報告の仕方であった。孝明《こうめい》天皇が譲位をほのめかすなど、朝廷は反幕的な姿勢を俄然強めたのだ。この間、尊王志士も登場し、朝廷と結びついて幕府への攻撃を開始した。

しかも、将軍家定《いえさだ》が暗愚《あんぐ》とされたため、将軍継嗣問題も発生し、政局の混乱に追い打ちをかけた。こうして、諸侯間の政争は激しさを増し、慶喜《よしのぶ》擁立をめざした御三家や家門、西国雄藩は、井伊政権と鋭く対峙した。このような背景の下に、同年八月、朝廷は水戸藩に対して、幕政改革を迫る戊午《ぼご》の密勅を下した。

幕府を経ずに、直接諸藩に勅命がはじめてもたらされたことになり、幕府の威厳は著しく傷つけられた。その反動が安政の大獄であり、反対勢力への徹底した弾圧がはじまった。井伊は桜田門外の変によって斃《たお》れたものの、これ以降、中央政局を舞台に政争が激化していく。

本書の冒頭でもすでに述べた通り、その政争は一般的に、尊王攘夷vs.公武合体と言われてきたが、この歴史用語は、その実態を捉えてはいない。そもそも、「尊王攘夷」の尊王は、天皇（朝廷）を尊ぶという思想であり、攘夷は夷狄を打ち払うという対外政略である。

つまり、本来、「尊王攘夷」は異なる二つの概念が合体して、政治的スローガンを表現している。また、「公武合体」は朝廷と幕府を融和して、国内を安定させようとする政体論である。〈尊王〉〈攘夷〉〈公武合体〉は対立する概念ではない。

ところで、通説では尊王攘夷vs.公武合体は、攘夷vs.開国に置き換えることが可能とされてきた。公武合体の主体は幕府であるので、通商条約を調印した当事者である幕府が開国であるとするのも、一見、至極当然であろう。しかし、これまで述べてきたように、幕府は必ずしも開国派と決めつけられないのだ。

龍馬論における対外視点の重要性

さて、尊王攘夷派のなかでも異色の存在なのが坂本龍馬《さかもとりょうま》（天保六年・一八三五〜慶応三年・一八六七）である。龍馬は誕生日（十一月十五日）に暗殺されており、また、同じ天保六年生まれには、土方歳三《ひじかたとしぞう》、松平容保《かたもり》、有栖川宮熾仁親王《ありすがわのみやたるひと》、松方正義《まつかたまさよし》、五代友厚《ごだいともあつ》、前島密《まえじまひそか》、篤姫《あつひめ》、小松帯刀《こまつたてわき》など、そうそうたるメンバーが連なる。

坂本龍馬といえば、多くの日本人は、その颯爽としたヒーロー像に憧れ、自己を龍馬に投影し、一歩でも龍馬に近づこうとする。さて、現在の龍馬像であるが、その確立の契機は、昭和三十七年（一九六二）に連載がスタートした司馬遼太郎の小説『竜馬がゆく』であった。国民的作家となった司馬の代表作に数えられる、この大ベストセラーによって、戦後における龍馬像の原型が形作られた。その後も、おびただしい龍馬本が世に出ているが、その描かれ方はかなり偏りが見られる。

薩長盟約、大政奉還、近江屋《おうみや》事件といった、龍馬が関係した同時代の事件、出来事が中心に描写される一方で、龍馬自身の思想については、史料の制約もあってか、論じられることは極端に少ない。龍馬は平和主義で、薩摩と長州の間を取り持ち、武力に依《よ》らないで幕府を倒す方策を編みだした人物として描かれる。そして、もし暗殺されずに明治まで生きていれば、商才に長《た》けた龍馬は海援隊を率いて世界に雄飛したのではないか。三菱財閥の創始者である岩崎弥太郎ではなく、龍馬こそが大商社を作り上げるはずであった――と、架空の将来が夢想される。

その龍馬は、黒船来航に接して「尊王攘夷」に目覚めたが、やがて勝海舟《かつかいしゅう》に感化され、「尊王開国」になったとされる。しかし、当時の日本人は、多かれ少なかれ全員が尊王であり、攘夷であって、龍馬の開国、つまり、通商条約容認も、単純な現代風の開国思想であったのかどうか、精査が必要であろう。

また、海援隊という貿易結社を興《おこ》しただけに、龍馬の対外認識を明確にしておく必要性を感じる。本章では、蝦夷地や竹島（現在の鬱陵島《うつりょうとう》のことで、韓国と領有権が問題になっている現在の竹島は、江戸時代には「松島」と呼ばれていた）とも絡め、龍馬がどのようにロシアや朝鮮を捉え、東アジア観を形成し、かつ海援隊をどういった方向に導こうとしたのか、加えて、幕末期の幕府の外交政策にも再度触れながら、龍馬周辺の人物、特に勝海舟および近藤長次郎《こんどうちょうじろう》の東アジア観に言及しつつ、龍馬がどのような対外認識、つまり世界観を持っていたのかを、以下順番に、大胆に論じていこう。

勝海舟の「暴言」と攘夷思想

幕末の激動は、文久期（一八六一〜一八六四）が沸点であるが、倒幕をめざす尊王攘夷派と幕府存続を図る公武合体派の抗争とされてきた。しかし、いままでも見てきた通り、実際には当時のほぼすべての日本人は攘夷思想であり、尊王であり、濃淡の差はあっても幕府の存続を肯定していた。その違いは、対外的危機にあたって、当面の通商条約を容認するか否か、朝廷の位置づけをどうするかにあったのだ。

この時期の龍馬は、文久二年（一八六二）三月に脱藩、同年後半、おそらくは十月頃には幕臣勝海舟（一八二三～一八九九）と邂逅《かいこう》した。勝は幼名および通称は麟太郎《りんたろう》、本名は義邦《よしくに》、維新後は改名して安芳《やすよし》と称した。海舟は、妹が嫁した佐久間象山《さくましょうざん》からもらった額、「海舟書屋」からとった号である。本書は一番なじみのある「海舟」で通したい。

勝は阿部正弘《あべまさひろ》に登用され、長崎海軍伝習所の教官などを経て、万延元年（安政七年・一八六〇）には咸臨丸《かんりんまる》で渡米している。長崎時代には岩瀬忠震《いわせただなり》の知遇も得ており、岩瀬はその後、勝を「麟太」と親しく呼んでいる。勝が岩瀬に感化されたことは疑いなく、岩瀬の思想の系譜を、勝は確実に継承していると言えよう。

その勝に弟子入りした龍馬は、文久三年には客分として、神戸海軍操練所および勝の私塾開設のために尽力している。つまり、勝の対外認識、東アジア認識を龍馬も首肯し、同じ方向性で尽力していたことはまちがいない。

勝海舟（『雋傑坂本龍馬』より）

当時の勝は、将軍家茂《いえもち》および公家の姉小路公知《あねがこうじきんとも》の絶大な信頼を受けていた。姉小路は三条実美《さんじょうさねとみ》とともに即時の破約攘夷を唱えて朝政を牛耳っていたが、勝の言説に感化されて、通商条約容認に転向していた。文久三年（一八六三）四月、家茂は勝の建言を容《い》れて直々に海軍操練所の設置を指示し、姉小路もそれに同意していたのだ。

つぎに、勝の海軍構想を追っていこう。「朝幕とも表向の命を降されたれハ、速《すみやか》に建営に着手すへし、拙者ハ此節別に尽力すへき途なき故、神戸に於て大に海軍を興し国家百年の基業を創《はじ》むるの決心なり」（『続再夢紀事』、五月十八日条）と越前藩士・中根《なかね》雪江《ゆきえ》に語っている。

これによると、朝幕それぞれから海軍設置をとにかく命じていただければ、自分は今、特段にすべきことがないので、神戸において大いに海軍を興し、国家百年の大計を立てたいとの宿願を強調する。操練所を単なる幕府の機関と位置づけず、朝幕双方による挙国一致的な海軍の興起を企図していたのだ。

　ところで、勝はこの年の三月、前年の生麦事件（薩摩藩士が、国父・島津《しまづ》久光《ひさみつ》の行列を騎馬で横切ったイギリス人を殺傷した事件）の賠償金十万ポンドを五月にイギリスに支払うことになる老中小笠原長行《おがさわらながみち》に意見を求められた。このとき勝は、挙国一致を実現するために、イギリスの暴挙を咎《とが》めて断然と通商条約を破棄し、イギリスが応じない場合は戦端を開き、天下の人民に勝算がないことを悟らせることを主張する。

　その真意は、たとえ日本が負けたとしても国内の真の奮発の契機となり、それによって攘夷だの開国だのとの対立もなく、挙国一致を成し遂げられる――と。勝自身が暴言と認めているこの意見は、挙国一致をめざすためとはいえ、勝の攘夷思想を裏づけるものと言えよう。

無謀な攘夷を回避する

　この時期、長州藩は攘夷実行期限であった文久三年五月十日を順守し、下関において米・仏・蘭の外国船への砲撃を開始した。しかし、米・仏戦艦の報復攻撃を受け、大打撃を受けていた。この敗戦をきっかけに、高杉晋作《たかすぎしんさく》が下級武士と農民、町人からなる奇兵隊《きへいたい》を結成したことはあまりに有名であろう。

龍馬は当初、長州藩に同情的であり、外国による下関の占領を恐れた。六月二十九日には越前藩士村田氏寿《むらたうじひさ》に談判に及び、外国人を国外退去させ、国内を鎮静すべきであると主張した。具体的には、勝や大久保忠寛《おおくぼただひろ》に説いて幕府から俗吏を追放し、春嶽《しゅんがく》や山内容堂《やまうちようどう》を上洛させ、この策を実行させると龍馬は説いたが、村田は長州藩の暴挙を責め、この提案を却下している。

龍馬の論点は、外国による一部地域の占領・租借化《そしゃくか》を危惧したことであり、将来の植民地化を阻止するための議論であったが、村田は長州藩の非を責めることに終始したため、この談判は嚙み合ったものではなかった。その後、龍馬は方向転換し、無謀な攘夷によって外国に付け入るすきを与えることを、回避する方向を選んだのだ。

一方、朝廷は攘夷実行を促すために、七月には国事寄人四条隆謌《よりうどしじょうたかうた》を監察使として播磨《はりま》・淡路に派遣していた。龍馬はその四条に対して、無二念打払を回避し、やむをえない場合でも、オランダや中国船は区別すべきであると建言することを画策した。実現は叶わなかったものの、龍馬の国事周旋《しゅうせん》への積極性を確認できよう。

また、龍馬は海軍について、「神戸は関西の海局と相定、朝廷の令を以て人物御任撰惣都督に据」(『坂本龍馬関係文書』、八月七日条)と述べており、西日本における海軍基地を神戸と定め、勅命によって総督を指名することを想定している。また、身分を問わず人材を集め、経費は西国諸侯が負うとしている。

これは将軍家茂が操練所開設の許可を出しても、攘夷実行を迫られている現状では、幕府主導での実現は困難との認識からであり、また、操練所を国家のものとみなし、幕府に独占させまいとの深謀があったからだ。つまり、必ずしも勝と齟齬《そご》しているわけではないのだ。また、当時、越前藩に招かれていた横井小楠《よこいしょうなん》も同様の海軍構想を示しており、龍馬も影響を受けていたのかもしれない。

勝海舟の「未来攘夷」主義

ここで、勝の対外政策を確認しておこう。基本的には、勝もまた攘夷思想である。しかし、現状の武備では、まったく西欧諸国と互角に戦うことなど敵《かな》わないとの認識に立ち、無謀な攘夷を否定した。むしろ、通商条約を容認し、その利益をもって海軍を興し、じゅうぶんな戦闘・防衛体制を整えたうえで、大海に打って出るとする、つまり、帝国主義的な海外侵出をおこなうとする「未来攘夷」主義を唱えたのだ。

これは、文久元年（一八六一）に長州藩が公武融和をめざした国事周旋において、藩士長井雅楽《ながいうた》によって提唱された航海遠略策にも通じるものである。ちなみに、航海遠略策とは、外国人殺傷や外国船砲撃といった過激な行為に走ったり、あるいは、勅許も得ずに幕府が締結した通商条約を一方的に破棄し、それによる戦争も辞さないとする「即時攘夷」主義を否定するものだ。そうではなく、勝が主張するように、通商条約を容認し、積極的に世界と貿易して国力を養成し、そのうえで海外に雄飛するというのが「未来攘夷」なのだ。

この思想は、同じ長州藩の久坂玄瑞《くさかげんずい》などの過激な一派とも、相通じるところであったが、久坂らは勅許なき通商条約を、どうしても容認することはできなかった。久坂は「未来攘夷」主義でありながら、条約破棄に固執し、その後の対等な通商条約締結によって武備充実を図るとして、結局は「即時攘夷」的な即時の破約攘夷を貫き、外国船砲撃などの実力行使に走ったのだ。その過程で、長井は失脚・切腹に追い込まれ、長州藩の藩是は航海遠略策を捨てて、破約攘夷となった。

勝の「征韓論」

話を勝に戻そう。さて、勝の傑出した献策として、東アジア重視論・征韓論を挙げておかねばならない。文久三年（一八六三）四月二十七日、桂小五郎《かつらこごろう》（木戸孝允《きどたかよし》）と対馬藩士大島友之允《おおしまとものじょう》に対して、「当今亜細亜洲中、欧羅巴《ヨーロッパ》人に抵抗する者なし、これ皆規模狭小、彼が遠大の策に及ばざるが故なり。今我が邦より船艦を出だし、弘く亜細亜各国の主《しゅ》に説き、横縦連合、共に海軍を盛大し、有無を通じ、学術を研究せずんば、彼が蹂躙を遁《の》がるべからず。先《まず》、最初、隣国朝鮮よりこれを説き、後支那《しな》に及ばんとす」（「海舟日記」）と論じた。

これによると、現在、東アジアにおいては西欧諸国に抵抗する国家はないが、これは鎖国的で海軍等も興さず、西欧諸国の帝国主義的な政策にはるかに及ばないためであると分析してみせる。また、日本からアジア諸国に広く同盟関係を持ちかけ、それぞれに海軍を勃興させて、兵学を研究しなければ西欧諸国の蹂躙を回避できない。まずは隣国朝鮮と、その後清国と同盟すべきである、という趣意で、桂らも同意している。

これを、文字通り単純に解釈し、同等の同盟と考えることはできない。勝はアジア諸国を傘下に置くという前提に立ったうえで、共同で海軍を充実させ、欧米諸国と対峙することを主張し、しかも、その魁《さきがけ》を朝鮮に求めたのだ。ここに、勝の征韓論を肯定する姿勢がうかがえる。

なお、勝の征韓論は姉小路にも通じていたらしい。大島が「征韓の議、因循《いんじゅん》して決せず、事機失せん歟《か》」と嘆じたところ、姉小路に言上すれば、おそらく実現するだろう、先日、姉小路へは征韓論について切りだしておいたので、おそらく聞き入れてくれようと、回答している（文久三年五月十八日条）。勝と姉小路は、短期間に急接近し、対外政略を議論するまでになっていたのだ。

また、勝は二条城において、「司農（筆者注・勘定奉行）、監察へ、征韓の大議を説解す。今日、城中此議あり。俗吏囂々《ごうごう》、皆不同意之云《これにどういせずという》」（同年五月十五日条）と、幕閣に征韓論を詳述している。そのため、城中では大激論となったが、誰も同意しなかったことがわかる。

勝の当時の言説を、もう少し追ってみよう。「海舟日記」（文久二年閏八月二十日条）には対馬の防衛に関連し、英仏が領有を狙っているが、これはロシアの東アジアでの南下政策を押し止める大望のためであると、警戒感を吐露する。よって、至急、対馬を上地《あげち》（代替地を与えて、幕府の直轄地にすること）し、「良港を開らき、貿易地となす時は、朝鮮支那の往来開らけ、且海軍盛大に到るの端《たん》ならん」と提唱した。

勝はのちに日清戦争に反対するなど、アジア同盟論をぶち上げているが、明治以降の言説をもって、幕末期の勝の思想を判断することは早計である。幕末期における勝の東アジア重視論の本質は、征韓論に代表される東アジア的華夷思想による侵略主義であり、朝鮮のみならず、清までも朝貢国としたうえで、勃興させた海軍力を一つにまとめ上げて、西欧諸国と対峙することを想定していたのである。

幻に終わった朝鮮探索

ところで、老中板倉勝静《いたくらかつきよ》は、儒家・陽明学者として著名な顧問の山田方谷《やまだほうこく》の影響もあって、幕閣としてはじめて公式に征韓論を唱え、文久三年（一八六三）五月に対馬藩の朝鮮侵出の請願書を受理した。さらに、六月には勝に対馬差遣を命じたが、その辞令には「朝鮮国の事情探索」（「海舟日記」、六月五日条）と記されており、実際には征韓準備のためであった。

勝の対馬行きはなかなか実現が叶わなかったが、翌文久四年（一八六四、二月二十日に元治に改元）二月五日、慶喜より二月から四月にかけての長崎出張を命じられた。これはフランス艦が下関砲撃に向かうとの情報から、その阻止に向かわせるためであると「海舟日記」には記載されている。勝は早速、十三日には出発したが、下関を迂回すべく佐賀関から陸路九州を横断したため、ようやく二十三日に長崎に到着した。

勝は四月四日に長崎を出立するまで、各国関係者と面談し、下関攻撃の二ヵ月猶予を認めさせるなど、成果を挙げていた。そこに、三月三日、老中水野忠精《みずのただきよ》から以下の通り、台命（将軍の命令）がもたらされた。

①朝鮮探索については、軍艦奉行並・勝海舟に申しつけたので、近々、対馬に向かうはずである。これまでの規則にかかわらず、臨機応変に、勝の申し出に沿うよう取り扱うこと。なお、勝への応対は万事、形式にこだわらず略式で構わない。
②右の通り、以酊庵《いていあん》（対馬にある幕府機関の禅院。五山の碩学《せきがく》を交替勤務させ、朝鮮と対馬宗《そう》氏の交渉を監察）に伝達したので、用件が済み次第、直に対馬に渡海し、じゅうぶんに朝鮮探索をおこなうこと。
③長崎での御用が済み次第、直に対馬へ渡海を命じたが、京都での御用もあるので、対馬行きは見送り、早々上京すべきこと。

これによると、①②はおそらく長崎への出発前に、勝に下されたと思われる台命を明文化して、改めて下付したものであろう。その内容は、①は以酊庵に命じたもので、朝鮮探索を勝に命じたが、勝に最大限の現地裁量権を認めており、朝鮮の出方次第によっては、侵出の足掛かりをつかもうとの野心がうかがえる。勝の長崎行きの真の目的は、ここにあったのだ。

それでは、二月の段階で、なぜ慶喜は朝鮮行きに言及しなかったのか、疑問が残ろう。おそらく、中渡しの際に、朝政参与であった島津久光・松平春嶽・伊達《だて》宗城《むねなり》も同席していたため、憚《はばか》られたのではなかろうか。いずれにしろ、長州藩をめぐる外国との談判は、必ずしも勝でなくても可能であったかもしれないが、朝鮮探索は、この間、征韓論を主張しつづけた勝でなければ無理な話であったのだ。メインの使命が朝鮮探索にあったことはまちがいない。

しかし、その台命はすぐに取り消しとなった。③によると諸外国との談判が終了後、中央政局での御用のため、至急の上京を命じられ、対馬行きはお預けとなってしまった。これは、長州藩の率兵上京が取り沙汰される不穏な情勢のなかで、対外問題の派生は、とにかく回避されなければならない事柄であった。

なお、今回の朝鮮探索にも同行する手はずであった大島友之允は、山田方谷に対して、勝は平和主義的なアジア重視主義ではなく、征韓論者であると言いきっている。大島は朝鮮問題について、何度となく勝と議論を重ねており、その大島の言動からも、勝の征韓論は侵略主義であることが裏づけられる。しかし、板倉・勝の失脚により、幕府による征韓実現は沙汰止みとなり、明治政府誕生まで棚上げされることになる。

ところで、この長崎出張に勝は龍馬を帯同している。龍馬を朝鮮に連れていくことが念頭に置かれており、勝の征韓論実現のための大きなサポート役を期待されていたのだ。結果として、朝鮮探索は叶わなかったが、勝の構想に触れ、勝と一緒に推進しようとした体験は、その後の龍馬の対外政略において、画期となったであろう。

また、龍馬が長崎と出会ったことも重要である（それ以前に長崎に行っている可能性は否定できないが）。後述の通り、龍馬は海援隊を長崎で立ち上げており、主たる活動の場はこの長崎となった。これは、勝とともに活動したこのときの躍動する感触が、濃厚に龍馬のなかで生きつづけていたからではなかろうか。

そして、岩瀬忠震から勝へと引き継がれてきた開明的で進歩的な、幕府を超えたナショナリスティックな思想の系譜は、幕臣ではなく、面白いことに一介の浪人である龍馬に引き継がれることになったのだ。しかし、その浪人が只者ではなかったことは、その後の歴史が証明している。

以上述べてきた通り、龍馬の東アジア観を直接知ることは叶わないが、勝とこの時期、行動をともにすることが多かったことから、勝と同様の東アジア的華夷思想にもとづく対外認識であったことはまちがいないと言えよう。

坂本龍馬の事績として、慶応三年（一八六七）四月に長崎で結成された海援隊の創設を挙げなければならない。その性格は貿易結社であり、海軍とも言えるものであった。そのため、海援隊の活動方針は龍馬の東アジア観を反映することになり、その経営戦略は、幕末期の外交政略にも影響を与える可能性を秘めた、重要なものと言えよう。

龍馬と近藤長次郎

龍馬自身の直接的な言動は確認できないが、龍馬の盟友であり、勝海舟の信頼も厚く、越前藩に政治的使者として派遣されるなどした土佐藩士近藤長次郎（一八三八〜一八六六）に注目したい。近藤は龍馬と一緒に、勝の江戸塾および神戸海軍塾（勝の私塾）で学んでおり、龍馬の対外認識を知るうえでもっとも適した人物と考えるからだ。

近藤は天保九年（一八三八）三月七日、高知城下の水通町《すいどう》（高知市上町）で「大里屋」（餅菓子商）を営む商人伝次の長男として生まれた。これが後世、「饅頭屋長次郎」と通称される由来となった。水通町は商人や職人が多数居住し、近藤はこの地で経済感覚やビジネスのノウハウを学んだ。幼年期から向学心が高く、家業の手伝いをしながら読書に勤しみ、叔父の門田兼五郎のもとで勉学に励んだ。安政二年（一八五五)、河田小龍《かわだしょうりゅう》の塾に入門し、その後は岩崎弥太郎に師事した。安政六年、藩の重役由比猪内《ゆいいない》の従僕として江戸に留学し、儒学を安積艮斎《あさかごんさい》に学んだ。同年、父母が死去したため、急遽帰国し家督を妹に継がせ、翌万延元年(一八六〇)に再び江戸に遊学して、洋学を手塚玄海、砲術を高島秋帆《たかしましゅうはん》のもとで修学した。

文久二年(一八六二)、近藤は勝海舟に入門した。近藤の優秀さに関する情報は各地に広まり、諸藩からスカウトしたいとの申し出が勝に相次いだと言われる。文久三年、土佐藩から学問精励と能力の高さを評価され、武士の特権である苗字帯刀を許されて近藤は士分に昇格した。文久三年一月に勝とともに上京し、六月下旬に神戸の勝私塾に入門して航海術を修業した。また、元治元年(一八六四)五月に神戸海軍操練所が開設され、近藤は「勝安房守《あわのかみ》家来」として聴講生のような形で入所した。

その後、勝が失脚したため、脱藩していた龍馬と近藤を含む土佐藩士らは、行き場を失った。勝は薩摩藩に彼らの援助を要請し、薩摩藩も軍艦への乗組員の不足に難渋していたことも相まって、近藤らは薩摩藩に取り込まれることとなった。元治二年(一八六五、慶應元年に四月七日改元)二月一日、近藤らは安行丸で鹿児島に向かい、十八日から大乗院坊中威光院に居所を構えた。この段階で、龍馬と近藤は薩摩藩士となり、その他は小松帯刀のお抱え(家臣)となったと考える。

ここで、神戸海軍操練所について、触れておかなければならない。通説では、龍馬は塾頭とされている。また、勝海軍塾の塾頭とされている場合もある。しかし、歴史家の松浦玲氏は、操練所の入所資格は関西在住の旗本御家人の子弟および四国・九州・中国辺の諸家家来であった事実が軽視されており、そのため、重要な事実が見落とされてしまっていると指摘する。

つまり、龍馬たちは操練所に入れるはずなどなく、近藤は「勝安房守家来」として入所させたが、「龍馬は、正規の役職に就けなかっただけでなく、練習生として操練所に入ることもできなかった」（松浦玲『検証・龍馬伝説』）と極論される。たしかに、龍馬が操練所の塾頭をした、あるいは、そもそも入塾していたとする一次史料（同時代の確実な史料）が皆無なのである。筆者は、松浦説を支持したい。

ところでこの時期、龍馬は江戸・大坂間を幕府の船で行き来をくりかえしている。筆者はこの点にも疑問を感じている。龍馬はどのような資格で乗船したのだろうか。そう簡単に、一介の浪人風情の人物の乗船を幕府が許可するであろうか。勝の雇い・家来だとすると、勝と一緒に乗船していなければおかしい。龍馬といえども、じつはわからないことは多いのだ。

龍馬には、このような伝説がつきまとう。しかし、だからといって、龍馬の価値がいささかも損なわれることはない。浪人でありながら、また、薩摩藩士として要人の間を縦横に立ちまわり、あれだけの事績を残したことも、また事実である。偉大だからこそ、伝説が生じることを忘れてはならないのだ。

海援隊の結成から解散まで

さて、ここでやや詳しく海援隊について述べておこう。多くの読者は、すでにご存じかもしれないが、整理のつもりでおつきあいいただきたい。海援隊は、龍馬を中心とする神戸の勝海軍塾の塾生をメンバーとし、慶応三年（一八六七）四月に結成された貿易結社であり、海軍の側面もあわせ持っていた。当然、龍馬をはじめとする勝塾生は、勝海舟の思想的影響を大きく受けていたため、海援隊にもじゅうぶんに海舟イズムが反映された。

当初は、長崎・亀山で結成されたため、亀山社中と呼称され、その社中を中核として、後に海援隊に改組されたと言われてきた。しかし、最新の研究によって、従来の説は否定されている。亀山社中とは、慶応元年（一八六五）六月二十六日に薩摩藩の家老である小松帯刀が長崎に到着した際、購入船（海門丸）の運用のために連れてきた小松の配下にある、龍馬以外の土佐脱藩浪士グループを中心とする一団を指してい

海援隊の本部が置かれていた小曽根邸跡（長崎市）

る。期せずして、後述する通り、長州藩に依頼されて薩摩藩名義で購入したユニオン号の運用も取り扱うことになったため、結果として、長州藩士に対して自分たちをグルーピングし、あくまでも「薩摩藩士の一団」として「社中」と名乗ったに過ぎない。なお、「亀山」というのは、昭和に入ってから付け足されたものであり、後世の創作である。

社中の実態を整理すると、今まで言われてきたような私設海軍、貿易結社にはほど遠く、薩摩藩、そして小松帯刀の下で、近藤長次郎や高松太郎《たかまつたろう》のようにユニオン号など艦船の運用に従事したり、白峯駿馬《しらみねしゅんめ》や陸奥宗光《むつむねみつ》のように長崎通詞の何《が》礼之《のりゆき》の英語塾で学んだりする、土佐藩を中心とする脱藩浪士の集団に過ぎないのだ。社中メンバーのなかには、「薩摩藩士」を名乗ることを許される者もいたが、多くは「小松家お抱え」として小松の存在に依拠していた。

社中の成立は、あくまでもユニオン号の帰属をめぐる経緯のなかで偶然になされたもので、いわゆる私たちが思い描く「亀山社中」が存在したとは言い難い。この段階の社中が、後の龍馬の海援隊へと無媒介に連続するものとして捉えることは、極めてナンセンスなことである。また、彼らはこの段階では龍馬とは一切関係がなく、薩摩藩、そして小松の庇護の下、「社中」と自ら称したに過ぎない。そもそも、この時期には龍馬は長崎にいなかった。「亀山社中」は、龍馬伝説の一つである。

慶応三年（一八六七）四月、土佐藩の後藤象二郎《ごとうしょうじろう》が福岡孝弟《ふくおかたかちか》と図って、海援隊が組織され、土佐藩への復籍までは叶わなかったが、脱藩については赦免された龍馬が、その隊長に就任した。ところで、土佐藩の参政である寺村左膳《てらむらさぜん》は山内容堂に近く親幕的であり、藩政の機密事項にも精通し、後藤らの政治スタンスとは差異が見られ、龍馬に対しても冷ややかな視線を送っている。

彼が記した『寺村左膳日記』（慶応三年十月十四日条）によると、龍馬は長崎で後藤と会談し、後藤の許可を得て海援隊長となった。今夏に起こった「いろは丸事件」（四月二十三日、海援隊運用の蒸気船いろは丸と紀州藩の軍艦が衝突し、いろは丸は沈没。賠償金を巡って土佐藩・龍馬と紀州藩が長崎で談判して前者が勝利した事件）の談判で、龍馬は勝利して賠償金七万両を獲得した。しかし、これらは全く土佐藩が知らないことで、そもそも海援隊は土佐藩に帰属しておらず、関係はないものの、土佐藩の名をもって談判したと記している。

寺村の証言によると、海援隊の結成は後藤が福岡と図って、自分たちの権限内で可能であるとの判断を下し、容堂や藩の要職の与り知らないところで、独断で進めた可能性が高いということだ。そこのトップに龍馬を就けるために、脱藩についてはとりあえず赦免の段取りを付けたものの、復籍には至らずといったところが真相であろう。

では、海援隊約規（宮地佐一郎『龍馬の手紙』）から隊の性格を確認したい。入隊の資格として、「凡《およそかつ》嘗テ本藩ヲ脱スル者、及他藩ヲ脱スル者、海外ノ志アル者此隊ニ入ル」（句読点は筆者。以下同）と、土佐藩を脱藩したもの、他藩を脱藩した者、海外に志がある者とする。文字通りに解釈すれば、三つの資格が並列しているように見えるが、海外への志さえあれば誰でも入隊が可能な場合、あえて「脱スル者」と規定する必要はないだろう。つまり、「脱スル者」は必須条件であり、そこに「海外ノ志」が加わることになる。土佐藩の外郭団体ながら、構成員はすべて浪人という異様さである。後藤と福岡の私設的な団体と考えれば、土佐藩をはじめ、どこの藩にも迷惑がかからない顔ぶれとなる。

設立の目的は、「運輸、射利、開拓、投機、本藩ノ応援ヲ為スヲ以テ主トス」とあり、龍馬が志向した商業活動や開拓事業まで広く認めるものである。さらに、幕長戦争に加担したように、海軍として土佐藩に加担することも期待されていた。また、「凡隊中ノ事一切隊長ノ処分ニ任ス。敢テ或ハ違背スル勿レ。若暴乱事ヲ破リ妄謬ノ害ヲ引クニ至テハ、隊長其死活ヲ制スルモ亦許ス」とあり、隊士の生殺与奪権を持つなど、隊長である龍馬の権限が絶大である。

次に、「凡隊中修業分課、政法、火技、航海、汽機、学語等ノ如キ、其志ニ随テ執之《これをとる》。互ニ相勉励、敢テ或ハ懈《おこた》ルコト勿レ」とあるが、隊士は法学、航海術、軍事、語学など、各自の志向に応じて修業することが義務付けられた。勉学に切磋琢磨し、怠ってはいけないと厳しく励むことを求められた。つまり、海援隊は教育機関でもあったのだ。

なお、主として運営経費に関する「凡隊中所費ノ銭糧、其自営ノ功ニ取ル。亦互ニ相分配シ、私スル所アル勿レ。若挙事《ことをあげて》用度不足、或ハ学料欠乏ヲ致ス、隊長建議シ、出碕《しゅつき》官ノ給弁ヲ竢ツ」の部分は、海援隊の性格を規定するものとして重要であろう。原則として、経費は自前であり、利益を上げる必要があった。一方で、土佐藩に上納する義務はなかった。とはいえ、赤字になった場合など、龍馬の建議によって土佐藩の出先役人である出碕官が補てんする取り決めであった。その出碕官は後藤象二郎であり、補てんはたやすいはずである。

このように、海援隊は土佐藩の外郭団体というより、出碕官の私的機関であり、その権限を隊長に委譲した感が強い。寺村左膳の指摘した「土佐藩は与り知らず」ということが、ここでも明らかになったのではないか。海援隊は土佐藩の半官半民的な機関であり、後藤と福岡が都合よく設置した感は否めないのだ。

ところで、海援隊は海運業などの他に初歩的な英語教科書『和英通韻伊呂波便覧《わえいつういんいろはびんらん》』等を出版するなど、版元として文化事業にも乗りだすなど、多様な活動をおこなっていた。なお、慶応三年（一八六七）七月、中岡慎太郎《なかおかしんたろう》によって陸援隊も組織され、海援隊と合わせて翔天隊とも呼称された。

しかし、海援隊の前には次々と難問が立ちふさがった。前述の通り、海援隊がスタートした慶応三年四月に、いろは丸が紀州藩の船に衝突され瀬戸内海で沈没する事件が起こった。龍馬は「万国公法」をたてに紀州藩を交渉で圧倒し、七万両の賠償金を勝ち得た。

一安心も束の間、十一月十五日、京都の近江屋で龍馬が中岡とともに、見廻組によって暗殺されてしまう。その後の海援隊は、求心力を失って分裂状態となる。長岡謙吉《ながおかけんきち》が隊長に任命されたが、慶応四年閏四月に至り、土佐藩によって解散させられた。龍馬亡き後、あっけない終焉である。

後藤象二郎は、土佐商会として引き継ぎ、さらに岩崎弥太郎は、九十九《つくも》商会・三菱商会・郵便汽船三菱会社（後の日本郵船株式会社）・三菱商事などに発展させた。まさに、商業主義的な転用であったのだ。それにしても、龍馬の海援隊に託した思いは、その後、どこまで実現したのであろうか。

池田屋事変から禁門の変へ

ところで、龍馬が海軍建設を志しはじめた当時の政治情勢はどうであったのか。その後の龍馬の動向に関わることなので、この点を押さえておこう。文久三年（一八六三）の八月十八日政変によって、即今破約攘夷を唱え、倒幕に向けて突き進んでいた長州藩は、中央政局から排斥されてしまった。そして、三条実美らの七卿を迎え入れ、その汚名を雪《そそ》ぎ、ふたたび中央政局に覇権を確立する機会を虎視眈々《こしたんたん》と狙っていたのだ。

しかし、嘆願をくりかえすものの、長州藩は入京すらも許されず、膠着《こうちゃく》状態がつづいていた。その間の元治元年（一八六四）春には、中央政局に一会桑《いっかいそう》勢力（禁裏御守衛総督・摂海防禦指揮の一橋《ひとつばし》慶喜、京都守護職の松平容保〈会津藩主〉、京都所司代の松平定敬《さだあき》〈桑名藩主〉）により確立された政治体制）が誕生する素地ができあがっていた。もはや、長州藩が復帰できる余地はなくなったのだ。

そこに、六月五日、新選組を世に知らしめた池田屋事変が勃発した。長州藩の中央政局復活工作をおこなっていた志士たちが多数犠牲になったが、吉田《よしだ》稔麿《としまろ》・杉山松介《すぎやままつすけ》という長州藩の逸材も、桂小五郎の安否を気遣い、藩邸を飛びだしたところで会津藩兵と遭遇し、巻き添えを食って命を落とした。

その報がもたらされた長州藩内は大いに沸騰し、即時率兵上京の気運が俄然高まった。その結果、福原越後《ふくはらえちご》・益田右衛門介《ますだうえもんのすけ》・国司信濃《くにししなの》の三家老は世子毛利定広《もうりさだひろ》に先立ち、率兵上京を開始し、京都周辺に布陣した。その主力は来島又兵衛《きじままたべえ》や久坂玄瑞に率いられ、七月十九日に御所に向けて進軍を開始したのだ。世に言う、禁門の変である。一会桑勢力も、この時点で成立をみた。

一時、長州藩の勢いは騎虎のごとく、中立売門《なかだちうりもん》を突破して御所内に侵入したが、薩摩藩兵が幕府軍の加勢に駆けつけると、形勢は一気に逆転し、長州軍は敗走を始めた。このたった一日の戦闘で、久坂玄瑞・入江《いりえ》九一《くいち》・寺島忠三郎《てらじまちゅうざぶろう》という、松下村塾生《しょうかそんじゅく》であり指導部であった人材を長州藩は瞬時に失ったのだ。

窮地から攻勢に転じる長州藩

長州藩は御所への発砲を理由に朝敵とされ、幕府に長州征討の勅命が下された。元尾張藩主徳川慶勝《よしかつ》を総督、越前藩主松平茂昭《もちあき》を副総督に任じ、三十六藩十五万の大兵力による征長軍が進発し、長州藩を包囲した。一方で、八月の四国（英米仏蘭）艦隊の下関砲撃にも完敗していた長州藩の内部では、藩論が完全に分裂し、俗論派（「従幕・恭順派」）と呼称される保守政権が誕生した。

俗論派政府が、禁門の変の責任者である三家老の切腹、三条実美らの他藩への移転、山口城の破却を受け入れ、恭順の姿勢を示したため、征長軍は、武力攻撃を控えて撤兵を決定した。これは慶勝が参謀として遇した西郷隆盛《さいごうたかもり》の助言に従ったためであり、薩摩藩はすでに幕府と距離を置きはじめていた。幕府は必ずしもその決定には賛成でなく、征長軍首脳とは軋轢が生じていた。

その最中、高杉晋作が挙兵して俗論派政府を打倒し、元治二年（一八六五、四月七日に慶応に改元）早々に、武備恭順を唱える反幕府的な正義派（「抗幕・武備派」）政権を成立させた。このような座視できない状況において、再度の征長が決定し、閏五月には将軍家茂自身も大坂城に入っていた。

このような情勢のなかで、長州藩は大至急、武器や艦船を調達しなければならなかった。その方法は、薩摩藩名義で購入したものを、長州藩に転売するということだ。そこで、その仲介をなしたのが、小松帯刀であり、近藤長次郎であったのだ。

近藤長次郎の上書にみる攘夷志向

さて、いよいよ龍馬の東アジア観を反映し、かつ、その経営戦略が幕末期の外交政略にも影響を与える可能性を秘めた海援隊の活動（方針）について、検討していこう。ここでは、近藤から小松帯刀に建白され、小松から島津久光へ提出された上書《じょうしょ》（元治元年十二月二十三日、『玉里島津家史料』三）によって確認したい。

最初に、近藤が小松に上書を奉呈した経緯を述べておこう。近藤は薩摩藩が長州藩への名義貸しでユニオン号（全長四十五メートル、排水量三百トンの木製蒸気船。イギリスのロッテルヒーテ造船所で建造）を購入し、八月に長州藩に引き渡す際の中心人物であった。近藤は長州藩主毛利敬親《たかちか》・広封《ひろあつ》父子に謁見し、感謝の言葉をかけられた。饅頭屋長次郎が、雄藩の藩主と対面して謝意を表される。まさに乱世と言えよ

英国海軍キング提督を挟み毛利敬親（左）と定広（右）父子（『雋傑坂本龍馬』より）

う。なお、毛利父子は将軍家《いえ》慶《よし》・家定の偏諱《へんき》を受けて慶親・定広と改名していたが、禁門の変によって官位を剝奪されただけでなく、その偏諱まで返上させられ、敬親・広封に改めている。本書ではこれ以降、一般的な敬親・定広で通したい。

　長州藩主父子に謁見した際、近藤は久光への感謝状（九月八日付）を預かり、実際に久光にも謁見している。そこには「委細ハ上杉宗次郎（筆者注・近藤長次郎）江《へ》相咄《あいはなし》候間《そうろうあいだ》、御聞取可被下《くださるべく》候」と書かれており、毛利父子の並々ならぬ近藤への信頼がうかがえる。そのことにより、久光も近藤に一目置いたことはまちがいない。この上書も、このような縁から久光の手元に残ることになったのであろう。

　さて、本上書はかなりの長文であるが、非常に重要なので、その要点を詳しくまとめてみよう。

現在の日本は喧々囂々《けんけんごうごう》と騒々しく、内乱が東西に起こり、人心がきわめて不安定な状況である。加えて、外国人が猛烈な勢いで軍艦を日本に指し向けている。そして、通商条約の不履行箇条を責め、幕府の対応によっては、たちまち戦争になりそうな勢いであると、近藤は現状を分析して、その実態を強く嘆じる。

そもそも、勢い盛んな神州（日本）は、四夷（東夷《とうい》・西戎《せいじゅう》・南蛮《なんばん》・北狄《ほくてき》）から朝貢使節を受け入れ、武威を海外に轟かしながら日々領土を拡げることは、建国以来の当たり前の方向性であると主張する。近藤は、日本を東アジアにおける華夷帝国であると断言しているのだ。

その根拠として、神功《じんぐう》皇后は自ら海軍を率いて三韓（新羅・百済・高句麗）を征服して、日本人のための都市を建設し、そこに入植して朝貢を監視した。もしそれを怠れば、たちまちにして派兵しこれを罰したと、『古事記』『日本書紀』に記載されている朝鮮支配の故事を述べる。そして、神州の国体は二千有余年、皇統が綿々と継続しており、富国強兵の国家であるため、周辺諸国から軽侮を受けることがなかったと強調する。

つぎに、日本の国体は「攘夷鎖港」ではなく、古来広く海外と往来しており、鎖国は徳川将軍家によってやむをえず祖法化されたもので、家康がもう少し長生きしていれば、「今、日旭旗を五大州ニ翻《ひるがえ》し、今之英国抔《など》も来貢セしむる事必定也《ひつじょう》」と言いきる。また鎖国に踏みきったのは、キリスト教の布教によって人心が擾乱《じょうらん》させられ、不測の事態が生じることを恐れたためであると説明する。理路整然とした、論旨の展開だ。

近藤長次郎（個人蔵。高知市民図書館寄託）

そして、いまの日本は、世界と通商して国を富ませ、海軍を発展させて四夷を征服するには、まさに適した国土である。それは、中国・インドの近くにあり、航海するには好都合の立地であるからだ。また、薩摩藩には山川のような良港が存在し、世界を引き受けて貿易するには殊に抜群であると説く。

これらの点は、欧米人が垂涎の思いでいるところなので、放っておく手はない。よって、まずは朝鮮に侵出し、その後、清の諸港に商館を置き、兵乱で疲弊している人民を助ければ、十年以内に清は日本に説き伏せられ、西洋征服への同盟に同意するであろうと、その見通しを論じる。

近藤はつづける。清を従えて黒龍江《こくりゅうこう》を越え、ロシアにいたって皇帝と盟約し、ロシアの産物を黒龍江まで運び、日本からも船で黒龍江までさかのぼり、そこで貿易をおこなう。そして、上等な鉄を輸入して、大小の銃を製造すべきである。また、長崎の蘭・米人から、西欧諸国とロシアの大戦争が十年を経ずして勃発すると聞いたが、海軍をじゅうぶんに興隆できれば、ロシアが敗れた場合、和議の仲介をする。西欧が敗れた場合は、その虚に乗じてジャワ、ルソン、スマトラを電撃的に侵略し、領土を拡張すべきであると小松に説いている。まさに、海外侵略論以外の何物でもないのだ。

さらに近藤は、朝鮮はフランスの侵出を受け、ロシアに同盟をもちかけており（そのような事実はなかったが）、先鞭をつけられては口惜しい限りである、来春には艦隊を編成し、朝鮮に侵攻を開始すべきであると、一刻も早いその実現を薩摩藩に期待している。これはまさに、征韓論の実現である。そして、その先のロシアとの衝突は、時間の問題であった。

海援隊の目的は世界侵出

このように、近藤の主張は、天皇の権威向上を背景に、通商条約容認とともに富国強兵・海軍振興に名を借りた未来攘夷主義であり、まずは朝鮮、その後の清の征服によって、東アジアに覇を唱える華夷帝国の形成にあった。しかも、その先にはロシアとの対決も視野に入れており、東アジア的規模での攘夷論だ。

「陸援隊、海援隊規約」(慶応三年四月)には、海援隊の設立目的として、「運船射利、応援出没、海島ヲ拓キ五州ノ与情ヲ察スル等ノ事ヲ為ス」(傍点は筆者。平尾道雄『坂本龍馬海援隊始末記』)が謳《うた》われている。たしかに冒頭には、海運による営利事業という貿易結社的目的が掲げられている。しかし、筆者は真の目的はそこではなく、あえてそのつぎに掲げられた部分かもしれないと考えている。つまり、土佐藩の応援、これは海運のみならず軍事的色彩も帯びており、何よりも、未開の地(国境が不分明である、または、領有国が顧みていない、主として島々)を開拓、すなわち占領して、日本の版図《はんと》に加えることを、本来の目的とした可能性もあるのだ。しかも、世界侵出のために、世界事情を探索することも、また目的であった。

海援隊は、貿易結社というよりも、東アジア侵出の先兵としての政治結社の色彩が、より強いのではなかろうか。龍馬も、近藤と行動をともにしており、同様の認識を抱いていたことは想像に難《かた》くない。まさに、龍馬も攘夷であったのだ。

幕末期の外交政略は、江戸時代を通じて貫流する東アジア的華夷思想を土台にしている。当時の日本人は、多かれ少なかれ全員が攘夷主義であった。開国というのは通商条約容認を意味しており、それは武備充実・海軍振興のための方策であった。そして、その先には、東アジアでの覇権の確立があった。

坂本龍馬においても、それは同様である。彼も本質的には攘夷であるが、開国によって貿易を興し、それによる海軍建設を唱え、海援隊によって自らが主導し、東アジア的華夷帝国の現実化に向けた先兵役を買って出たと評価したい。

長州は竹島をどう見ていたか

龍馬の蝦夷地や竹島（現在の鬱陵島。九四頁参照）についての計略も、その流れで考えるのが自然であろう。ここでは、龍馬と竹島の関係について、詳しく述べてみたい。ただし、龍馬の竹島開拓（侵略）を述べる前に、長州藩の動向に触れておかねばならない。これは、その経緯が龍馬の動向に大いに影響を与えたからである。

長州藩における中心人物は、龍馬も私淑する吉田松陰《よしだしょういん》であった。松陰は、安政五年（一八五八）二月の桂小五郎宛書簡において、久坂玄瑞と熟慮した内容として、竹島の開墾を幕閣に働きかけることを提唱する。そのなかで、竹島を朝鮮・満洲への侵略のための前線基地と位置づけているのだ。

また、六月の久坂宛書簡では、イギリスがすでに竹島を占領しているという風聞がある、万が一とは思うが、そのうわさが本当であれば、いつ長州藩に襲来するかわからないと嘆じる。そして、長州藩にとっては、満洲や蝦夷は遠く、それより竹島・朝鮮・北京が近く、そのあたりへの侵出が喫緊《きっきん》の課題であると断じている。

なお、七月の桂宛書簡では、元禄時代に竹島を朝鮮領と幕府が認めたことを把握しながらも、外国の手に落ちることを危惧する。そして、長州藩の防衛上、座視し難いと危機感を吐露し、開墾を名目とした侵略を重ねて主張した。その後、万延元年（一八六〇）七月に至り、ようやく桂小五郎・村田《むらた》蔵六《ぞうろく》（大村益次郎《おおむらますじろう》）から幕府に、竹島開墾の許可を懇請したが、不許可に終わった。

竹島進出をめざした龍馬

話を龍馬に向けよう。龍馬が竹島について言及しているのは、慶応三年（一八六七）の①長府《ちょうふ》藩士印藤肇《いんどうはじめ》宛（三月六日）、および②下関豪商伊藤助太夫《いとうすけだゆう》宛書簡（四月六日）の二通（宮地佐一郎『龍馬の手紙』）である。

①では、いろは丸（大洲《おおす》藩所有の蒸気船。四十五馬力、百六十トン、三本マストを備えたスクリュー推進型蒸気船。藩から海援隊に貸与）による竹島開拓を企図し、印藤らの同行ないしは開拓に役立つ人材の推薦・資金の提供を求めている。②では、竹島開墾のため、借金の返済猶予を懇願したものである。

竹島侵出の目的であるが、①に「諸国浪生らを命じて是が地を開かすべし」とあり、蝦夷地開墾同様、浪人による移民を龍馬は計画している。国防上、要衝の地である蝦夷と竹島の両地をおさえ、その開拓と防衛のため、当時もっとも精鋭な部隊である浪人集団を移住させる計画は、じつに斬新である。一方で、過激浪士を中央政局から辺境に移動させるため、国内の治安維持の側面も期待できたであろう。

なお、①においては、「小弟ハヱゾに渡らんとせし頃より、新国を開き候ハ積年の思ひ一世の思ひ出ニ候間、何卒一人でなりともやり付申べくと存居申候」と、前々からの決意を述べる。ここで言う「新国を開き」とは、「陸援隊、海援隊規約」で示された「海島ヲ拓キ五州ノ与情ヲ察スル」と同義であると解釈できる。

つまり、竹島をいずれは日本の版図とすべく、まずは、いろは丸で龍馬を中心とする海援隊が乗り込み、そこを占有して開墾し、領土に組み込んだ暁には、朝鮮・中国への侵略のための前線基地とすることを念頭に置いていたのだ。書簡では、そこまで

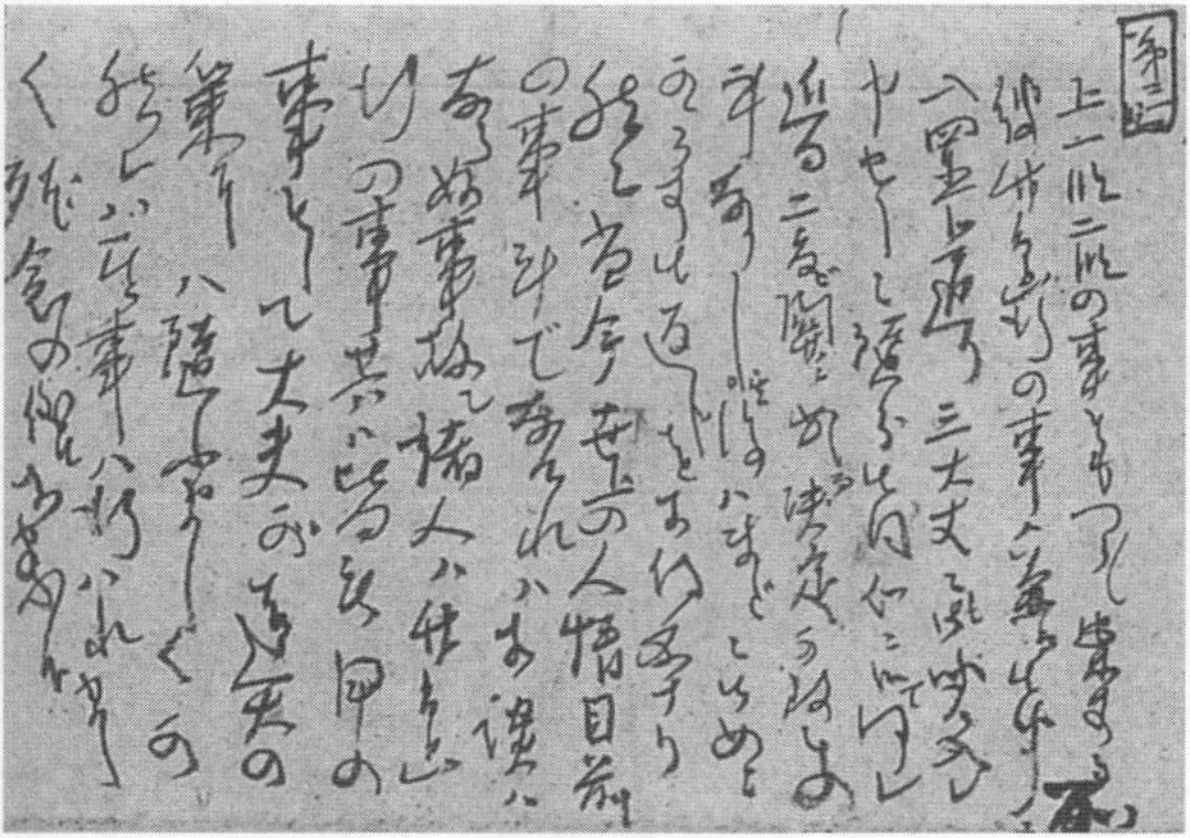

慶応3年3月6日付・印藤肇宛「龍馬書簡（部分）」（京都大学附属図書館蔵）。左から6行目末尾に「竹島」と記されている

触れていないのは、東アジア経営戦略の一環としての特性は、暗黙の了解であるためか、龍馬は浪士活用の方をことさら強調したのであろう。

たしかに、龍馬の竹島への侵出計画には、杜撰《ずさん》な部分も見受けられるものの、このように、龍馬が本気で竹島侵出を企図していたことは明白であろう。なお、その際の大きな問題点は、竹島が朝鮮領であることを、龍馬が認識していたか否かである。つまり、龍馬の国境認識である。

筆者は、龍馬が当時、竹島が朝鮮領であることはじゅうぶんに認識していたと捉えている。吉田松陰以来、その認識を確固として受け継ぐ長州藩士との交際を継続する龍馬が、知らないはずはないと考えるからである。長州藩内では、松陰をはじめ、久坂・高杉などの松下村塾系志士は同様の認識であり、桂や大村益次郎も、またしかりだ。

当時のネットワークからして、竹島が朝鮮領であるという認識は、藩内では周知の事実であったろう。龍馬はこれら長州藩士とは密接な関係があり、かつ、直前には井《い》上《の》上馨《うえかおる》から多くの情報を得ている。井上が知らなかったということは、まずありえないとするのが妥当であろう。龍馬の手紙に記載がないからといって、龍馬が知らなかったわけではないのだ。

岩崎弥太郎、竹島に立つ

なお、実際には龍馬の竹島行きは叶わなかった。これは、利用する予定であった、いろは丸が沈没してしまったからである。慶応三年（一八六七）四月十九日、いろは丸で大坂に鉄砲を運ぶため、龍馬は長崎を出航した。この日、龍馬は出発前に、岩崎弥太郎と海援隊の給金等について相談し、五十円の借金を願い出たところ、岩崎は独断で餞別として龍馬に渡している。

その際に、長時間にわたって、両者は酒を酌み交わしながら、語り合っている。龍

岩崎弥太郎銅像（安芸市）

馬は海援隊の活動方針を大いに語ったと思われる。そのなかには当然、竹島問題も含まれていたであろう。ここからは推測の域を出ないが、龍馬の壮大な夢は、大いに岩崎の琴線に触れたのだ。そして、岩崎は龍馬と竹島に同行することを思い立ち、龍馬に懇請し、了解を得た。

　しかし、両者それぞれの立場があり、岩崎は海援隊としては参画できない。藩を動かし、藩として別船を仕立てることとし、上司である後藤象二郎を説得した。その結果、岩崎は後藤の同意を得て、長崎で龍馬のいろは丸と合流すべく、準備をしていた。そこに思いがけない悲報が届く。四月二十三日、いろは丸は紀州藩船明光丸《めいこうまる》と衝突し、龍馬を始め、乗組員全員は無事であったが、積荷もろとも沈没する惨事が起こったのだ。

　当初は鞆《とも》の浦《うら》で、御三家の一つである紀州藩を相手にして、賠償交渉がくりかえしおこなわれた。交渉は難航し、舞台を長崎に移しておこなわれ、互いに航海日誌を提出し、衝突の原因と責任について、激しい議論がここでもくりかえされた。

龍馬は「船を沈めたその償いは、金を取らずに国をとる」といった俗謡を花街で流行させるという世論操作をおこなったり、「万国公法」を持ちだしたりした。こうした龍馬の卓越した、かつ、したたかな戦略や交渉能力によって、七万両の賠償金を勝ち取ることに成功した。この事件は、日本で最初の海難審判としても重要である。

こうして、龍馬はいろは丸を失ったため、岩崎との約束を果たすことはできなかった。一方で、岩崎は龍馬の意思を引き継ぎ、土佐藩の事業として四月三十日に竹島探索に出かけている。岩崎は五月六日に長崎に戻っているが、岩崎の日記を見ると、意図的に削除されたのか、その間の記載がなく、詳細はわからない。

一説には、岩崎は竹島を日本領と宣言するための標柱を持参したとする。いずれにしろ、龍馬の思いは、かなり中途半端でその規模は限りなく矮小化《わいしょうか》してしまったが、岩崎弥太郎によって実現したのだ。

「未来攘夷」の先駆者としての龍馬

最後に、龍馬にとっての攘夷・開国・国境を、もう一度確認しておこう。龍馬の攘夷は、真に夷狄を打ち払うことである。当時の平均的な日本人と何ら変わりのない、東アジア的華夷思想に支配され、後期水戸学の影響を受けたごくごく標準的なものであった。日本を世界の中心に据え、まずは、東アジア周辺諸国を中心に教化を施し、日本を宗主国とする冊封体制に置くことを志向していたのだ。

龍馬にとっての開国とは、攘夷実行のための戦略である。龍馬は勝海舟との接触を通じて、現状の武備では華夷帝国の建設など、夢のまた夢であることを、誰よりも強く感じていた。そして、日本を軍事大国にするには、海軍を勃興させ、富国強兵を図るしかないことを認識していたのである。

そのために、通商条約を容認し、貿易の利益を幕府の独占ではなく、各藩が公平に享受しながら、日本全体が武装することをめざしていた。開国は、攘夷を実行し、東アジア的華夷帝国を建設するためには必須であったのだ。

龍馬にとって国境とは、現状の枠組みを認識しながらも、将来の華夷帝国建設のために、先へ先へと拡大していく対象であった。

海援隊は商社であるとともに海軍の要素を持っており、未開の島嶼《とうしょ》などの開拓・開墾をめざしていた。蝦夷を日本の領土に確定し、竹島を編入することはその手始めである。その際に、浪士を活用しようとした事実は、明治政府の屯田兵《とんでんへい》や台湾出兵に繋がる政策としても重要であろう。

龍馬が朝鮮侵略の第一歩として、竹島を狙っていたことは自明である。それから四十数年後、日本は韓国を併合し、明治国家は龍馬ら先人の思いを実現することになる。そして、その対外認識はさらに先鋭化し、その野望は清をはじめとする東アジア、さらには東南アジア諸国を朝貢国とすることに繋がった。つまり、「東夷の小帝国」（「日本型華夷帝国」）から「東亜の大帝国」への脱却こそ、最終ゴールたりえたのだ。

第四章　攘夷実行と西国問題

攘夷はいかに実行されたのか

ここまでは、主として攘夷を思想的および理論的側面から見てきた。なぜ、幕末に攘夷の嵐が吹き荒れたのか、その事由を、江戸時代全体を通じた日本人の対外認識に求めた。そもそも、日本人に宿る東アジア的華夷思想に起因する華夷思想に加え、北方におけるロシアの脅威が直接の引き鉄となって、国防・海防意識が一気に醸成された。その結晶が、「攘夷」であったのだ。

ここからは一転して、それでは実際に、幕末の攘夷がどのように、そして、どの程度本当に実行されていたのかを描きだしたい。それとあわせて、その結果、攘夷がどのような影響を当時の政局にもたらしたのか、その点もじっくりと見極めていこう。じつは、驚くことに、これらの点が意外と知られていないのだ。

本章では、攘夷が実行されるにいたる過程を確認し、知られざる西国諸藩の攘夷実行の実態を明らかにしていく。そのなかで、朝廷と幕府の代理戦争とも言える、長州藩と小倉藩の確執の原因や実態を明らかにしてみたい。なお、両藩の緊張がピークに達し、八月十八日政変直前に勃発した、幕府vs.長州藩の確執に発展する朝陽丸事件については、章を改めて詳しく述べよう。

攘夷実行に追い詰められた幕府

まずは、攘夷実行にいたる具体的な経緯から、話をはじめたい。日本と各国との間に通商条約が結ばれたのは、安政五年（一八五八）である。それ以降、朝廷は攘夷（条約破棄）、幕府は開国（条約容認）と、国是（対外方針）はまさに二つに分断され、幕末の動乱がはじまった。桜田門外の変によって、稀有な独裁者井伊直弼《いいなおすけ》を失い、武力を盾にした強引な政治運営が無理であることを悟った幕府は、朝廷との融和路線を模索した。いわゆる、「公武合体」と言われるものである。

その最大の成果は、万延元年（一八六〇）の和宮降嫁《かずのみやこうか》の勅許であろう。孝明《こうめい》天皇の妹を将軍家茂《いえもち》の正室に迎えることによって、幕府は朝廷の権威を借りて延命を図ろうとした。しかし、その代償は大きく、岩倉具視《いわくらともみ》の画策により、幕府は十年以内に通商条約を破棄し、攘夷を実行することを天皇に約束してしまったのだ。

一方、長州藩は文久元年（一八六一）に国事周旋へ乗りだし、航海遠略策を打ちだ

「和宮江戸下向絵巻（部分）」（東京都江戸東京博物館蔵）

した。これは、通商条約を容認するものであったが、その先には朝貢貿易を想定しており、まさに東アジア的華夷思想にもとづく、未来攘夷主義と言えるものであった。しかし、目先の攘夷を優先したい孝明天皇の勅許を得ることは叶わず、一気に即時攘夷に突き進むことになる。

つづく文久二年（一八六二）は、航海遠略策を捨てて藩是を即今破約攘夷に転換した長州藩と、武市《たけち》瑞山《ずいざん》に率いられた土佐勤王党に牛耳られた土佐藩によって、中央政局はまさに攘夷一色に席巻されていた。朝廷においても、姉小路公知《あねがこうじきんとも》をはじめとする下級廷臣が、朝廷の方針を決定する朝議を支配し、とうとう幕府に攘夷実行を迫ることになったのだ。

朝廷は攘夷実行を迫るために、三条実美《さんじょうさねとみ》と姉小路公知を江戸に派遣し、十二月五日、とうとう将軍家茂に国是を攘夷と決めさせた。そのうえ、至急の上洛を求め、その際には攘夷実行の方策を奏聞《そうもん》（天皇に申し出ること）することを約束させた。もう、幕府も後には引けない状況である。

このころの京都は、天誅《てんちゅう》と称する暗殺が横行し、幕府の権威などはあったものではなかった。幕府は京都守護職を創設し、その治安維持に努めることになった。そこで、初代守護職に任命されたのは、会津藩主の松平容保《かたもり》であった。そして、疾風怒濤《しっぷうどとう》のように吹き荒れた即今破約攘夷運動は、翌三年（一八六三）春には、その沸点に達した。

三条実美（『雋傑坂本龍馬』より）

この間の朝廷は、即今破約攘夷を主張し、かつ、将軍家から政権を取り戻す天皇親政を求める廷臣によって朝議が乗っ取られ、国事掛、国事参政・寄人という政策機構の創設、学習院による言路洞開および出仕制度による尊王志士の取込、御親兵という軍事力の常備が図られていた。

このような不穏な空気のなか、将軍家茂は三月四日に上洛し、孝明天皇に拝謁して、これまで通りの大政委任を奏聞した。これに対し、天皇自身はそれを望んだものの、即今破約攘夷派に与する関白鷹司輔熙《たかつかさすけひろ》は、征夷大将軍はこれまで通りとしながらも、国事については、直接諸藩へ沙汰するとの勅書を渡したのだ。

将軍上洛によって、奉勅攘夷（勅命を謹んで受け、攘夷に邁進すること）は確認されたものの、大政委任は事実上否定され、委任されたのは征夷大将軍としての職能にとどまった。つまり、将軍の役割は国政全般ではなく、攘夷実行に限定されたのだ。攘夷以外の国事は、朝廷より沙汰するというもので、大政委任をすべての範囲とする幕府とは、自ずと齟齬が生じた。

また攘夷についても、その期限や策略については、幕府からは具体的な奏聞はなく、しかも征夷大将軍を委任した朝廷が、攘夷に関しても勅命を発したため、これ以降、朝廷・幕府それぞれから命令が発せられる、政令二途が先鋭化して諸藩を悩ませ、中央政局を混乱させる主因となったのだ。

攘夷実行期限については、幕府はその明言を拒みつづけた。しかし、四月二十日、追い詰められた家茂は、五月十日と奏聞するにいたったが、当初は朝幕ともに、「襲来候節ハ掃攘致シ」（「上洛日次記」）と布告した。たしかに、期限は明示されたものの、文字通り解釈すれば、外国から攻めてきた場合は、打ち払うことを命じているが、単なる通船はその対象とならないはずである。しかしながら、その策略については、依然として曖昧であった。

鳥取藩の攘夷と無二念打払令

朝廷による無二念打払令が出される直前に、長州藩につぐ攘夷が鳥取藩によって実行された。十二代藩主池田慶徳《いけだよしのり》は水戸藩の徳川斉昭《なりあき》の五男であり、尊王攘夷に邁進し、朝廷からの信任も特に篤く、文久三年（一八六三）二月二十八日には摂海守備総督の勅命を賜り、摂海（大坂湾）警衛にあたっていた。慶徳は、幕府を終始擁護したものの、こと対外問題に関しては、あくまでも破約攘夷にこだわりつづけた。

同年六月十四日、鳥取藩は天保山沖に来航したイギリス船に対して実弾五発を発砲し、攘夷を実行した。事件は、イギリス船が石炭を要求したことに端を発する。警衛にあたっていた鳥取藩士が拒絶したところ、イギリス兵は測量をしながら戻ったという。襲来とは言えないものの、攘夷実行の沙汰があるため、発砲に及んだわけだ。

しかし、着弾はせず、イギリス船はそのまま紀州加太浦の方向に逃げ去ったとの報告が、大坂留守居役より京都藩邸にもたらされた。それに対して、藩邸からは対応が生ぬるいとして、攘夷実行を督促するために用人を下坂させた。鳥取藩にとって、攘夷実行は徹底した藩の方針であった。

留守居役は、大坂城代大河内信古《おおこうちのぶひさ》にもその旨報告したが、乱暴なふるまいは控えるようにとの達しがあった。それに対し鳥取藩は、違勅になるとして、その達しを受け取らず、十七日に朝廷はじめ諸方にそのやり取りを報告し、今後も外国船を見かけた場合は打ち払うことを届け出たのだ。

ついで十八日、鳥取藩は武家伝奏《ぶけてんそう》（武臣から朝廷への奏請を取り次いだり、勅命を武臣に伝達したりする役職）の野宮定功《ののみやさだいさ》から攘夷褒賞《ほうしょう》の勅命を賜った。併せて、後述する無二念打払令の通達もなされ、鳥取藩から翌十九日に大坂城代へその旨が伝えられた。

本件に関与した鳥取藩士の処分であるが、『鳥取藩御留守日記』によると、七月八日以降、藩府は警衛御手当詰藩士十数名に「恐入差控《おそれいりさしひかえ》」を、大坂番頭荒尾《あらお》隼太《はやた》および番士当番沢双吉《さわそうきち》に「打払方及猶予《ゆうよ》候段、不束之至《ふつつかのいたり》ニ付隠居」を命じた。罪状はあくまで砲撃時、手緩《てぬる》かったことにあるが、それにしても厳しい処分であった。

この事件によって、外様大名でありながら将軍家から松平姓と葵紋が下賜され、親藩に準ずる家格を与えられた藩においても、国是に対する実直なまでの認識と、過激行為も辞さない対応が見て取れる。一方で、藩主自らが幕府に弁明する事態も伴った。幕府も座視できなかったのだ。

政令二途の下、早速、勅命と台命いずれに従っても、朝廷と幕府との板挟みとなる西国諸藩の厳しい情勢がうかがえる。このような状況下で、九州諸藩を中心とした西国諸藩が、中央政局において政令一途による公武合体を企図していくのは、至極当然の流れであると言えよう。

ところで、攘夷実行の期限の五月十日を迎えた段階で、実際の外国船への砲撃を実行したのは、長州藩と鳥取藩のわずか二藩にとどまっていた。すでに欧米の実力をじゅうぶんに認識していた諸藩は、たとえ勅命といえども、そう簡単に攘夷などできるものではなかった。

しかし、目下の鳥取藩の攘夷実行を正当化し、長州藩が孤立して、他藩の攘夷実行が一向に進まない事態を打開するため、三条実美らは朝議を動かした。そして、武家伝奏野宮定功は六月十八日に無二念打払令を公布した。いままでの長州藩を応援すべしというレベルから、一気に攘夷を強要するに等しい無二念打払令にまでいたったのだ。

これを受け、大坂城代は二十二日になって、十四日に発した、みだりに外国船を砲撃することを禁じた達しを取り消した。さらに、この無二念打払令は長州藩周辺諸藩に対しても、少なからず影響を与えた。同日に広島藩が、二十五日には津和野《つわの》藩が、越えて七月二十八日には久留米藩も、それぞれ下関で外国船砲撃がある場合は、援兵を差しだすことを約束した。

政令二途がもたらした混乱

ところで、幕府の対応であるが、六月二十日に老中（井上正直・水野忠精《みずのただきよ》・松平信義）は連署して、大坂城代に対して書簡を発した。これによると、横浜鎖港談判中につき、その交渉がまとまる前に、みだりに発砲して戦端を開いてしまうと、現在の防衛力では国辱を引き起こすことになると、及び腰に現状を分析する。

つづけて、横浜鎖港まではいままで通り平穏に扱い、もっとも、外国艦隊が襲来の場合は打ち払うべきであるが、はたして本当に襲来か否かはよくよく考え、いよいよ襲来にまちがいない場合は、打ち払うことも構わない。しかし、襲来でないうちに乱暴な所業がないように、摂海防衛の諸藩に対して、洩らさず沙汰することを命じた。老中の狼狽ぶりが、目に浮かぶようだ。

まことにまわりくどい言い回しであるが、要は従来の台命を再確認したもので、砲撃の禁止である。これを受けて、大坂城代は二十六日、摂海防禦の十三藩にその台命を布告した。幕閣である大坂城代ですら、政令二途による混乱から、攘夷実行に関する布告を二転三転させており、容易ならざる雰囲気がうかがえよう。

この二つの布告は、易々と見逃すことができないものである。国是実行をめぐって、朝廷の「無二念打払令」と、幕府の横浜鎖港談判を名目とした「襲来打払令」（襲来以外は攘夷を猶予する）との対立した命令が下されたことになる。ここにいたって、勅命と台命は完全に齟齬し、誰の目にも政令二途を強く印象づけることになったのだ。

そのため、福岡藩は老中水野忠精に対して、また、徳島・島原・尼崎・岡・土佐藩等の西国諸藩は幕府（大坂城代）または朝廷（武家伝奏）に対して、政令二途による不都合を述べ、今後各藩が採るべき方針を請うた。しかし、朝幕ともに、それぞれの主張をくりかえすばかりで、政令二途を解決すべくもなかった。これ以降、政令二途は西国諸藩の大きな政治的懸案となり、その対応に苦慮せざるをえなくなった。

とりわけ、長州藩と小倉藩はそれぞれ勅命と台命を奉じて厳しく対立し、その確執が中央政局を揺さぶり、ひいては八月十八日政変を導く直接的な主因の一つとなった。西国諸藩は、攘夷実行をめぐるさまざまな問題に翻弄され、自らの手で公武合体（政令一途）への転換を模索せざるをえなかったのだ。

監察使の派遣と西国諸藩の動向

政令二途という、判断が難しい状況に追い込まれた西国諸藩であったが、実際に攘夷を実行したのは長州藩と鳥取藩という、わずか二藩にとどまった。勅命と台命、いずれにも従うことをためらい、ほとんどの藩は日和見《ひよりみ》的な態度に終始していた。これが現実的で常識的な対応と言えるのではないか。

しかし、無二念打払令にもかかわらず、攘夷がなかなか実行されないことに対して、即今破約攘夷派である三条実美や長州藩は、この情勢を打破するためにつぎなる手を打ってきた。文久三年（一八六三）七月十七日、国事寄人東園基敬《ひがしぞのもとゆき》が紀伊に、四条隆謌《しじょうたかうた》が播磨に、攘夷実行の監察使《かんさつし》として派遣され、速やかな攘夷の実行を命じる勅命をもたらしたのだ。二十三日には京都守護職松平容保に対して、武家伝奏野宮定功・飛鳥井《あすかい》雅典《まさのり》からきわめて厳しい勅命があった。

その内容は、攘夷実行についてたびたび沙汰をしているが、津々浦々でそれがなされていない。今回、紀州加太浦および播州明石浦などへ監察使を差し立てたので、これまで傍観し、畏縮していた藩については、これ以降もこのような姿勢であった場合、官位の召し上げを厳しく命じることになる。ついては、諸藩にその旨を徹底することを求める、というものだった。

ここには、今後、攘夷を実行しない藩主から、官位を剥奪するとの文言が含まれていて、いままでより一歩踏み込んだ懲罰令であった。西国諸藩もこれまでのように台命を盾に、のらりくらりとしつづけることが、きわめて困難な状況に追い込まれたことになる。ついで七月二十四日には、鳥取・徳島・米沢・岡山各藩に対しても同じ勅命が示された。さらに各藩を挙げて攘夷を実行することを求めており、念まで押された格好だ。

監察使派遣は、西国諸藩への攘夷実行の圧力であり、とりわけ御三家である紀州藩への派遣は、幕府にとって面目が立たない屈辱的なことであった。また、鳥取藩主池田慶徳ら親幕的な大名は、天皇による攘夷親征という、幕府にとって最悪の事態を阻止するために、さしあたっての監察使派遣を求めていた。派遣の実現は、それに対する配慮でもあった。

なお、これについては、三条実美と画策した長州藩が推進力とならざるをえず、前原一誠《まえばらいっせい》と時山直八《ときやまなおはち》が東園に、佐々木次郎四郎と堀真五郎《ほりしんごろう》が四条に付けられ、監察使とともに派遣された。この監察使により、西国諸藩はさらに窮地に立たされ、特に徳島藩と明石藩は、この後述べる通り、無二念打払の実行を余儀なくされた。

苦悩する徳島藩と明石藩

七月二十日、詳しくは次章で述べるが、長州藩の糾問《きゅうもん》に向かうため、明石海峡を通航していた幕艦朝陽丸は、徳島藩からの不意の砲撃を受けた。これは、監察使四条隆謌が無二念打払を命じていたためで、淡路島の岩屋および松帆崎《まつほざき》の守兵が砲撃したのだ。

被弾はしなかったものの、詰問のため朝陽丸から小人目付《こびとめつけ》が台場へ派遣された。それに対し、内々に無二念打払令を奉勅し、外国船であれば掃攘するように藩主から命じられていたと回答があったが、もう一人が傍らから否定し、朝陽丸と気がつかず試射したとして謝罪した。また、現場責任者である徳島藩目付長坂禎次《ながさかていじ》も「稽古打」であり、不調法の段を謝罪した。混乱の現場が目に浮かぶようだ。

一応の謝罪があったため、小人目付は攘夷実行の台命があるまでは、軽挙妄動は避けることを藩内の各台場へ徹底するように命じ、幕閣にもこの経緯を報告する旨を申し渡した。発砲自体は勅命を受けてのものであり、かつ対岸に下向している監察使四条隆謌への、そして朝廷へ向けてのデモンストレーション的側面が強いものの、実弾の発射にはまちがいない。そこには、攘夷実行を迫られた西国諸藩の切羽詰まった実情があった。

なお、二十三日にいたり、目付の長坂がその責を負って自刃する事態に発展した。幕艦砲撃の責任を、重役の切腹で解決しなければならず、幕府に対する最大限の信義を示した。しかし、藩主蜂須賀斉裕《はちすかなりひろ》は、二十五日に監察使の東園・四条が紀州・播磨に下向しているので、これから自分も淡路島にわたる予定である、よって、場合によっては外国船への砲撃もあり得るので事前に届け出たと、無二念打払の勅命に従う旨を、幕府に言上した。政令二途によって混乱している様子がうかがえる。

一方、七月二十一日、明石藩には監察使四条から、即時攘夷実行の勅命がもたらされた。二十四日には遵奉《じゅんぽう》を回答した明石藩だが、八月三日になると老中板倉勝静《いたくらかつきよ》に伺いを立てている。台命「襲来打払令」を拝命したが、一方で勅命「無二念打払令」は黙《もだ》し難く、場合によっては攘夷実行もせざるをえない。そうなれば台命に背くこととなり、大いに当惑し、心痛の限りである。よって、どのように心得るべきか、板倉に至急の指図を懇請したのだ。

政令二途の狭間に置かれ、明石藩は今後の採るべき方針を示すよう、幕府に請うていたが、その回答が得られないなか、徳島藩および明石藩の攘夷実行がなされた。八月七日、日章旗を掲げる艦船を発見したため、明石藩では何藩の船かを確認中、徳島藩領の淡路島の各砲台から一斉に砲撃がはじまった。長州藩船と確認したため、砲撃を控える命令を下したものの、淡路島からの猛烈な砲撃が継続していたこともあり、明石藩でも砲撃猶予の命令が行き届かず、舞子台場から砲撃し、長州藩船を破損させてしまったのだ。

しかし、砲撃を受けた長州藩も、二藩が外国船と見誤り、攘夷を実行しただけに抗議もままならなかった。また、四条監察使は徳島藩の使者に攘夷褒賞とさらなる尽力を求める口上書を渡した。加えて、長州藩船を破損させたことについても、取り成すので心配しないようにとの配慮を示す。

徳島藩は、朝陽丸砲撃をめぐって混乱していたが、この時点では積極的に攘夷を実行しており、それに引きずられるように、明石藩も追随せざるをえなかった。日本船かどうかの確認も曖昧なままに砲撃していることからは、政令二途の下、台命よりも勅命を重視せざるをえない西国諸藩が存在した事実を確認できよう。

九州諸藩は政令二途にどう対応したか

文久国是をめぐる政令二途によって、この後詳しく述べるように、長州藩と小倉藩は鋭く対立し、中央政局は大混乱をしていたが、その帰趨《きすう》をもっとも左右すると考えられていたのは西国諸藩、特に九州諸藩の動向であった。そのため、各勢力はその支持を得るために、さらには、自派陣営に引き込むために、活発な動きを展開した。

もう一人の監察使正親町公董《おおぎまちきんただ》（一八三九〜一八七九）の長州藩への派遣は、同藩の攘夷褒賞以外に、福岡・佐賀藩に長崎での攘夷実行を迫り、また、九州諸藩の長州藩応援を促すためだ。一方で、幕府の朝陽丸派遣は、長州藩への糾問以外に、九州諸藩巡見および小倉藩応援督促がもう一つの目的であった。幕府も積極的に、九州諸藩の情報収集および支持獲得に努めていた。

その九州諸藩であるが、やはり勅命「無二念打払令」・台命「襲来打払令」という政令二途によって、その進退に窮していた。しかし、政令二途を解決するため、とりわけ薩摩・肥後・福岡の三大雄藩が中心となり、連携を強めつつ即今破約攘夷派の排除を企図して、中央政局への進出を試みることになる。

その諸藩連合の取りまとめ役でもある薩摩藩島津《しまづ》久光《ひさみつ》（一八一七〜一八八七）の、

当時の攘夷に関する見解を確認しておこう。『忠義公史料』によると、幕府は奉勅攘夷の方針であるが、いまだに実行の台命はなく、横浜鎖港の談判中である、その結果が出る前に、長州藩をはじめとする西国諸藩が、攘夷実行をする有様はまさに暴挙であり、その責任は我が国に跳ね返ることは論をまたないと、久光はきつく指弾する。

また、外国が無礼を働けば攘夷は当たり前であるが、現況は混乱を求めるがごとき愚行であり、国辱を受けることになると戒める。このように、台命である襲来打払令の支持を明言し、無二念打払令を妄動として厳しく非難する。これは、九州諸藩の基本的な見解と捉えてよかろう。

なお、薩摩藩においては、生麦事件によりやむをえずイギリス艦隊の来襲を待ちかまえていたが、台命に従ってみだりに戦端は開かず、来航の場合は理非曲直《りひきょくちょく》を明らかにし、そのうえで戦端を開けば、まさに国是・攘夷の尊奉である。そのため、海陸の戦備をきわめて厳格に進めていると述べており、藩としての基本方針が読み取れる。

入り乱れる両勢力

攘夷実行の期日が文久三年（一八六三）五月十日と決定し、それ以降、長州藩等が外国船の砲撃を開始したが、当初は九州諸藩は状況の把握に努め、かつ事態を静観していた。しかし、その後に九州でも二件の攘夷実行がなされた。七月二日の薩英戦争は言うまでもない周知の事件であるが、小藩である延岡藩の六月二十日の薩摩藩汽船への砲撃という攘夷実行は、偶発的な事件と片付けることはできないのだ。

延岡藩の攘夷実行は、外国船と誤認しての砲撃であり、被弾もしておらず、藩政府からの謝罪もあったため、薩摩藩は不問に付した。しかし、このように九州諸藩も政令二途の下、勅命に従い攘夷を実行する雰囲気にあったことは、見逃せない事実である。

雄藩連合をめざす薩摩藩にとって、御膝元の隣国での攘夷実行は大きな衝撃であった。イギリスとの緊張関係に縛られながらも、いち早く九州諸藩の意見を取りまとめ、即今破約攘夷を主張する勢力を中央政局から排除する必要があった。そのための率兵上京を、島津久光は意識せざるをえなかったのだ。

このように切迫した時期に、長州藩は六月八日以降、佐賀・肥後・久留米・薩摩・柳河・小倉各藩に使者を派遣して、攘夷実行の援助を要請した。その一例として、薩摩藩を取り上げると、長州藩より坂上忠介《さかのうえちゅうすけ》・秋良敦之助《あきらあつのすけ》が派遣され、攘夷の叡慮《えいりょ》を遵奉し、幕府の奉勅攘夷に鑑みて攘夷を実行した、しかし、武備・軍略ともに不十分で、一藩では皇国を堅持できないとして、助勢を懇願している。これに対し、薩摩藩は大久保利通《おおくぼとしみち》と島津主殿《とのも》が対応し、薩英戦争後の厳しい状況を事由に、応援依頼を拒絶したのだ。

一方、小倉藩も六月二十八日、長州藩との一触即発の現状を肥後藩に報告し、越えて七月二十七日には、奉勅攘夷決定後の苦境を訴えて周旋を求めた。また、七月五日、越前藩は三岡八郎《みつおかはちろう》（由利公正《ゆりきみまさ》）らを肥後・薩摩両藩に派遣し、肥後藩主細川慶順《ほそかわよしゆき》およびその弟の長岡護美《ながおかもりよし》、薩摩藩主島津茂久《もちひさ》（忠義）および父久光に、上京して国事にあたることを勧説した。両勢力が入り乱れて、政治活動を活発化させており、事態の深刻さを感じることができよう。

日本が植民地となる最大の危機

このような緊迫した状況のなかで、情勢を瞬時に一変させたのが、八月十八日政変であった。この政変は、中川宮《なかがわのみや》（朝彦《あさひこ》親王）などの上級廷臣の同意の下に、薩摩藩の在京藩士が中心となって画策し、会津藩の武力によって実行された事件である。孝明天皇が最終的に決断をした、朝廷における人事改革クーデターと言えるもので、攘夷実行を推進し、倒幕のための天皇親征を画策する三条実美などの過激廷臣と、その後ろ盾の長州藩を京都から追放することに成功した。

これによって、激越な攘夷実行は鎮静化し、幕府は一気に開国に舵を切ろうとしたが、攘夷実行に固執する朝廷を説得することは叶わなかった。そのため、これまでも幕府が実現をめざしていた横浜鎖港に、朝幕双方は妥協点を見出すことになったのだ。

この間、攘夷期限の五月十日から政変まで、わずか三ヵ月余りであったが、西国諸藩は勅命と台命の齟齬という事態に翻弄され、究極の選択を迫られつづけた。誰もが知っている下関や鹿児島湾での大掛かりな攘夷戦争のみならず、鳥取・徳島・明石・延岡などの大藩以外もきわめて局地的ではあるものの、攘夷を実行していた事実からもうなずけよう。

日本はこの時、政令二途によって、攘夷実行をめぐり対立が派生しはじめており、内乱の危機が一気に加速していた。しかも、あちこちで外国と戦火を交える危険性が存在していた。日本史において、もっとも植民地化の危険性が高かったと認識され得る時期として、記憶に留めていただきたい。

長州藩と小倉藩の対立――勅命vs.台命

政令二途による混乱は、西国諸藩にとって死活問題となっていた。とりわけ、勅命を重んじる即今破約攘夷派の長州藩と、台命を重んじる譜代大名の小倉藩の鋭い確執は、西国諸藩のみならず、中央政局においても、もっとも注視される事態に発展した。最初に、内乱の震源地になりかねない、この二藩の対立がどのように深まっていったのかを述べてみたい。

文久三年(一八六三)四月二十日、幕府は攘夷期限の奏聞をおこなったが、それ以降、小倉藩でも藩内の台場の整備を開始した。藩主小笠原忠幹《おがさわらただよし》が自ら現場を視察して激励をおこなうなど、その海防には他藩以上に尽力したのだ。これも、幕府の指示に忠実に従った結果である。

一方、早くも二十七日、長州藩は先手物頭・国重徳次郎《くにしげとくじろう》を小倉藩に派遣し、国是が攘夷に確定し、かつ幕府も奉勅したので速やかに攘夷を実行したい、ついては、関門海峡は両藩に関わるので、攘夷実行の算段をしたいと申し入れた。また、二十九日には長州藩の支藩である長府藩主毛利元周《もうりもとちか》からも、同様な申し入れがあった。

これに対し、小倉藩は幕府からの命令があり次第、攘夷実行の心得であり、事前に相談をすることはもっともなことなので、追って使者を派遣すると回答した。このように、攘夷期限の決定直後から、長州藩より同時の攘夷実行を迫られ、小倉藩は当初からその対応に苦慮することになったのだ。

あくまでも、小倉藩は譜代藩として台命に従うつもりであった。しかし、台命「襲来打払令」という、その曖昧な内容の確認を急ぐことになった。そして五月九日、大坂藩邸留守居役は質問書を在坂の老中水野忠精に提出した。これによると、台命の解釈として、通常航海時に砲撃がなくても、また従来から和親の国家である中国やオランダも同様に、無二念打払すべきかについて、その可否を尋ねたのだ。

なお、長州藩からの同様の伺いに対して、朝廷は五月二十三日、中国は大昔から通商をする相手国なので、そのまま航行を許すこととし、オランダは、正式には和親・通商条約からの貿易相手国であるが、その他蛮国と同様として、今回は破約し、攘夷実行の対象とすべきことを沙汰している。長崎海軍伝習所での教育に尽力するなど、日本海軍の最大の協力国オランダに対する恩知らずとも言える命令だ。

長州藩の無二念打払の方針に対して、小倉藩は台命の確認を在坂老中に試みているが、それ以前に、江戸留守居役も在府老中に対して、同様の質問書を提出していた。しかし、江戸においては、そもそも襲来打払という台命を聞いておらず、その内容を解釈することはできない。よって、大坂において上申することを諭されたため、在坂老中への提出となったのだ。幕府も、江戸と上方では齟齬が生じており、指揮命令系統に破綻が見られる。

小倉藩が攘夷国是について打診中の五月十日、長州藩によるアメリカ商船ペンブローク号への砲撃があり、無二念打払が開始された。その際、小倉藩としては、台命はあくまでも襲来打払であるという判断から、長州藩の攘夷実行を静観した。長州藩の攘夷は単なる通船の外国船砲撃だったことを小倉藩は確認しており、長州藩が台命に従っていないことを、当初より認識していたのだ。

五月十七日、痺《しび》れを切らした小倉藩は、在京老中に対して回答を迫った。襲来打払令について、九日、大坂において指示を請うたが、未だに何らの回答も得ていない。長州藩では、たとえ襲来でなくても外国船を砲撃することを藩内に布告しており、門司海峡を挟んで、戦略に齟齬があっては不都合である。外夷襲来でなければ、しばらくの間、攘夷実行は慎むべきかどうか、速やかに回答を請うという、悲痛な叫びだった。

切羽詰まった小倉藩の申し出に対して、ようやく二十三日になって、老中より鎖港談判の決着以前でも、襲来の場合は打ち払い可という回答を得た。しかし、待ちに待った回答がこの程度である。一方で、この間も長州藩の外国船砲撃は継続され、二十三日にはフランスの、二十六日にもオランダの艦船を砲撃したのだ。

最初の砲撃があった翌日の五月十一日、奇兵隊を中心とする長州藩激徒は、小倉藩が前日に傍観した腹いせに、余弾を小倉藩領に向け発砲し、楠原村に着弾させた。十七日、この事実を受け、小倉藩郡代・河野四郎《こうのしろう》らは下関駐在の長州藩士に対して、発砲は打ち合わせ通り、事前報知すべきことを申し入れた。これに対し、長州藩は一応謝罪したものの、攘夷を実行しない小倉藩への憤懣《ふんまん》が募っていた。

しかし、小倉藩としても、前述の通り、襲来に備えて台場の整備など、攘夷実行の準備も並行しておこなっていた。十九日には長州藩に対し、領内の外国船来航時の合図を知らせ、大里《だいり》以東からの発砲の了解を求め、一方、下関の台場の位置や合図を尋ね、かつ有事の際の救援を依頼した。台命遵守の状況下で、小倉藩の難しい対応がうかがわれよう。

二十三日のフランス艦船との攘夷戦においても、小倉藩は静観したため、長州藩は詰問使太田市之進《おおたいちのしん》・野村和作《のむらわさく》（靖《やすし》）らを翌二十四日に派遣した。この応酬は双方の認識を理解するため重要と思われるので、以下に整理してみたい。

【長州藩からの詰問】
①五月十日の攘夷期限に、発砲をしないのはなぜか。
②隣国であるので、たとえ私闘であっても救援は当然であるのに、皇国のためであ

る今回、救援がないとは言語道断である。
③以前報知された小倉藩各台場の合図が、この二回の攘夷戦でないのはなぜか。
④攘夷の見解が長州藩と相違の場合は、朝廷にその旨、直訴せざるをえない。
⑤攘夷実行の際、一方の海岸だけで撃破することは難しい。場合によっては小倉藩領に着弾するが、了解を請う。

【小倉藩からの回答】
①幕府より、五月十日の攘夷期限というのは拒絶期限であって、なお談判を要するため、その間は無謀過激の行為を慎むことを沙汰されている。よって、発砲はしない。
②救援も前条に準ずるが、長州藩が危急に陥ったときは、その限りではない。
③合図は、攘夷実行の台命がないので、あえて実施はしない。
④攘夷の見解は第一項の通りであり、通常の航海や繋船等では砲撃しない。長州藩と相違するとし、朝廷にその旨直訴することは勝手次第である。先に、幕府は朝廷より大政委任を確認しており、台命を奉じることは、すなわち叡慮を奉じることである。

⑤もっともではあるが、台命があるまでは砲撃はしない。これは惰弱《だじゃく》のためでなく、襲来の際は、相互に救援をすべきである。なお、小倉藩領への着弾は、なるべく避けてほしい。

双方とも、叡慮を奉じていると認識し、長州藩は朝廷を後ろ盾に勅命による「無二念打払」を、また小倉藩は譜代藩として台命による「襲来打払」を主張した。

文久国是そのものは、双方ともに肯定しているが、攘夷実行に際しての期限や策略において、齟齬が生じていた。これは勅命と台命の齟齬でもあった。そして、長州・小倉両藩は、それぞれそれを正当化し、また、対抗するために、その後ろ盾である朝廷・幕府に働きかけをせざるをえない立場に置かれたのだ。

小倉藩を弁護する松平容保

このような状況下で、長州藩はいち早く、久坂玄瑞《くさかげんずい》を京都に派遣し、朝廷に入説《にゅうぜい》した。その結果、六月五日に武家伝奏坊城俊克《ぼうじょうとしかつ》から小倉藩留守居役郷東吉に対し、長州藩を応援しない姿勢を責め、関門海峡は要衝の地であるため、挟み打ちにして醜夷を掃蕩《そうとう》すべしとの勅命が下った。それに対し、留守居役の郷は台命に則《のっと》り、襲来でない場合は砲撃をしない旨を復命した。小倉藩は勅命に対して、はじめて面と向かって拒否する姿勢を示したことになる。いくら譜代藩とはいえ、じつに思いきった対応だ。

さて、六日にも、再度伝奏から幕府の命を待たずに砲撃すべしと、重ねて勅命が下された。ここにいたり、老中板倉勝静および京都守護職松平容保にその旨を伝え、翌七日、板倉に無二念打払をすべきか、今後の指示を仰いだのだ。十三日になって、先の台命に従い、軽挙妄動を慎むべしとの変わらぬ命令がくりかえされた。

なお、それに先立つ六月三日、留守居役は松平容保に書簡を送り、この間の長州藩との確執をすでに報告していた。ここで注目しなければならないのは、松平容保に打診していることである。京都守護職はその職制上、近畿以西の西国諸藩の軍事指揮権を有しており、文久国是における攘夷実行に関して、西国諸藩に策略を指示できる立場にあった。長州藩と小倉藩の確執が国是問題に関する限り、松平容保の関与は回避できないものであったのだ。

六月十日、小倉藩から派遣された藩士は、在坂の板倉勝静に今後の攘夷実行についての見解を求めた。同日、大坂藩邸留守居役も水野忠精に対して、前述した五月九日大坂・六月七日京都において呈した質問に対する回答を迫った。これに対し、京都において、松平容保の指示を仰ぐようにとの沙汰であった。

よって、京都藩邸から京都守護職に対して照会を試みているが、在京、在坂の老中は無回答もしくは松平容保に押し付けることによって責任を回避し、また回答があっても従来の焼き直しに過ぎなかった。小倉藩は藩地からの使者や各藩邸から質問をつぎつぎに呈しており、その焦燥ぶりがうかがえるが、それとは裏腹に、幕閣の態度は無責任このうえなかったのだ。多くの読者は、小倉藩に同情を寄せるのではなかろうか。

しかし、一人松平容保だけは誠実な対応を示していた。小倉藩の要請に対し、前尾張藩主で、幕府からの信頼が厚い徳川慶勝《よしかつ》と諮《はか》り、右大臣二条《にじょう》斉敬《なりゆき》に対し、幕府はいまだ戦端を開いておらず、襲来打払を唱えているが、あくまでも攘夷を奉じている、よって、小倉藩の対応は違勅でない旨を言上した。同意した二条は朝議に報告し、これによって、一時的に小

松平容保（『京都維新史蹟』より）

倉藩への非難の矛先は緩和されたのだ。

幕府の厳命をはねつける長州藩

とはいえ、幕府もいつまでもこの状況を放置することは叶わなかった。二条の朝議報告を好機と捉え、六月十二日に水野忠精は大坂において、長州藩留守居役北条瀬兵衛《ほうじょうせべえ》に対し、外国船砲撃を詰問した。横浜にて鎖港談判中であって、その談判は決裂にいたっておらず、兵端を開けば国辱を招くことになり、甚だ遺憾《いかん》であると厳しく指弾したのだ。そして、横浜鎖港の拒絶を外国が決したら無二念打ち払うべきで、いまだそれにいたっていない間はもちろん、襲来でなければ、軽挙妄動してはならないと申し渡した。

同日、板倉勝静は十日の回答として、長州藩への申渡しを基に、小倉藩においても、この幕府の意向を了解し、なお砲撃は慎むべしとの回答を与えた。これらは、いずれも台命「襲来打払令」に則ったものであった。ようやく、幕府も長州藩に厳命を下したが、これは朝議の雰囲気を敏感に感じ取った結果であったのだ。

これに対して、長州藩は二十七日、山口から派遣された児玉準《こだまひとし》が江戸に赴き、家茂とともに帰府していた水野忠精に回答書をもたらした。それによると、長州藩は「皇国攘夷之御国是相立候様にと誠心を尽し粉骨砕身」（『防長回天史』）しており、その折の大坂での沙汰書は勅命と齟齬している、このままでは、公武合体は遠のいて内乱の基となり、国辱を回避するため無二念打払を継続する、台命に従わないとの意思を示した。

これは、幕府に対して公然と異を唱えた最初の出来事であり、文久国是をめぐる長州藩と小倉藩の確執は、長州藩対幕府に展開し、さらに朝廷と幕府の政令二途をめぐる、あたかも代理戦争寸前の様相を示すにいたったのだ。

幕府と朝廷の代理戦争

七月九日、老中より再度の詰問書が江戸の長州藩邸に下され、本国への送付を命じられた。大組士波多野藤兵衛《はたのとうべえ》はその書を七月晦日《みそか》、山口に持参した。その大要は、攘夷実行は勅命ではあるが、大政委任されている台命に従い、外国船をみだりに砲撃することを禁じる命令であった。八月三日、それに対する回答案を京都藩邸に送付し、中央政局の事情も勘案して精査させた。

十四日に山口を発した波多野は、京都でそれを受け取り、出府して老中に提出した。それによると、攘夷国是のために誠心を尽して粉骨砕身しており、台命に沿えば叡慮に齟齬し、藩内で疑惑を生じて動揺の基となる。今後とも領海通航の夷船との戦闘は、やむをえないことである。そのうえ、現在朝廷より監察使として、正親町公董が長州藩に下向していると、あくまでも攘夷実行を貫く姿勢を示す。

しかも、何卒、国内の人心を速やかに一定し、叡慮の通り、外夷を掃攘するよう覚悟いただきたいとまで切言するなど、幕府の態度を揶揄する物言いであった。長州藩のさらなる対幕府強硬姿勢がうかがえ、幕府の権威などあったものではない。幕府の威信は、朝廷や尊王志士だけでなく、本来は封建制を一緒に形成する諸侯によっても傷つけられたのだ。

このように、三条実美ら廷臣激徒を通じて勅命を左右する長州藩と、徳川公儀体制の中枢であり、台命を発する立場の譜代藩である小倉藩が、隣国でありながら鋭く対立した。その確執は必然的なものであり、様相は単なる局地紛争に止まらず、幕府対朝廷の代理戦争の観すら呈するものであった。西国諸藩は、攘夷国是によってさまざまな難問を抱えていたが、そこに追い討ちをかけたのが、政令二途による最大のアキレス腱となった、この確執であったのだ。その結果が、次章で述べる幕末史の隠れた大事件・朝陽丸事件に発展することになる。

長州藩vs.小倉藩から派生した諸問題は、無二念打払令の無謀さを共通の認識とし、大政委任を支持する孝明天皇、中川宮、近衛忠熙《ただひろ》等の上級廷臣、また京都守護職や九州諸藩に衝撃を与えた。それは、台命への政令帰一による事態打開の秘策として、八月十八日政変へと向かわせた。特に政変の主体を構成した京都守護職松平容保への、小倉藩からの度重なる懇請や情報伝達は、会津藩の政変への決断においては見逃すことができない影響を持ちえたのだ。

政変によって、長州藩は中央政局から後退を余儀なくされ、政令も帰一の方向に向かった。両藩の立場は逆転し、一時的に小康状態となるが、それも慶応二年（一八六六）六月の幕長戦争の勃発によって、両藩は武力衝突も伴う確執の再燃を迎えることになる。

監察使正親町公董の派遣

長州藩は小倉藩との対立を優位に解決するために、先ほど述べた通り、監察使の派遣を実現し、長州藩には正親町公董が向かうことになった。この派遣は、その後の中央政局にまで深刻な影響を与える、まさに重大な問題となった。多くの読者があまりご存じないと思われる派遣の経緯や、それがもたらした政治的動向について、詳しく述べていこう。

文久三年（一八六三）六月一日、長州藩からの攘夷実行報告（五月十九日）に対し、朝廷から当時長州藩主父子の名代として上京していた岩国領主吉川経幹《きっかわつねまさ》に褒勅《ほうちょく》があった。六日には久坂玄瑞による周旋の結果、武家伝奏坊城俊克から諸藩留守居役に対して、長州藩を見習って、無二念打払を促す勅命が布告された。

さらに、十三日には武家伝奏野宮定功より、福岡・秋月・中津・津和野・小倉の各藩に対して伝達があった。既に長州藩への応援は沙汰しているが、六月五、六日は地上戦もおこなわれ、長州藩はほとんど危急の事態に陥っている。よって、迅速に救援して神州の武威を高揚すべしとの勅命であった。しかし、度重なる勅命ではあったものの、長州以外にはこの時点でも奉勅を唱える藩は存在しなかったのだ。

時を同じくして、長州藩としても勅命の他に、自ら西国諸侯と結んでの攘夷実行の継続を考えた。六月八日以降、長嶺内蔵太《ながみねくらた》・山県半蔵《やまがたはんぞう》を広島・岡山・土佐・宇和島・鳥取・浜田藩に、秋良敦之助・坂上忠介を佐賀・肥後・久留米・薩摩・柳河・小倉藩に派遣して、攘夷応援を要請した。

それに対し、たとえば土佐藩では、政令一途を朝廷・幕府それぞれに建白中であり、かつ往来の商船等は砲撃をしない心得である、しかし、すでに貴藩（長州藩）が兵端を開いたので、追々、土佐藩の領海へも夷艦襲来がないとも限らず、そのときこその国力のつづく限り、防戦する覚悟であると回答した。無謀な攘夷をおこなう長州藩への揶揄も、多少含まれた拒絶であった。その他諸藩もこの時点で応援の確約を一切せず、長州藩の孤立は決定的となったのだ。

六月十四日、これらの事態に連動して、監察使正親町公董を長州藩に派遣し、攘夷実行を褒賞するとともに、さらなる奮励を促すことになり、早速十六日には出立した。公董は中山忠能《なかやまただやす》（孝明天皇の信頼が厚かった廷臣。明治天皇の外祖父）の次男で、正親町実徳《さねあつ》の養子となり、国事寄人として天皇親政をめざすグループの中核を占めた過激廷臣の一人だ。

その派遣は、孤立した長州藩が思うようにいかない焦燥感から、三条実美に周旋を依頼した結果であり、勅命に名を借りて、その意向を叶えたものであった。派遣の決定時、藩士に護衛させようとし、三条にそれはやり過ぎと咎められ、思い止《とど》まった事実からも容易に察しがつこう。結果的には、御親兵四十五人を中心とした六十人前後の大きな一団になった。

派遣の目的は、表向きは長州藩の攘夷褒賞であるが、実際は西国諸藩に攘夷実行を強いる手段としてであった。さらに、七月八日に毛利敬親《たかちか》に下賜された勅書には、監察使が隣藩に長州藩の応援を命じることが記載されていた。またこの派遣が、長州藩内の攘夷反対勢力の封じ込めや、一般大衆への示威行動としての側面を持っていたことも見逃せない。

長州藩は監察使が休憩する場所において、一般大衆への下賜米等を請い、実際は長州藩の米穀を監察使が下賜した。同時に、幕府は因循《いんじゅん》であるが、長州藩は兵端を開き皇国のため尽力しており、宸襟《しんきん》を安んじていると従士徳田《とくだ》隼人《はやと》をして大衆に説かしめたのだ。

正親町公董書簡（七月十九日、中山忠能宛）によると、在京長州藩士は都合のいいことばかり言っていたが、西国諸藩は攘夷実行でまとまっていないと嘆じる。長州藩内においてすら、攘夷を実行しているのは決死の者のみであり、京都で聞いていた模様とは大違いであると怒りを露《あら》わにした。監察使自身も、西国諸藩や長州藩内が攘夷で一枚岩になっていなかった実情を肌で感じており、監察使の派遣目的が攘夷実行への示威行動であったことを物語っている。

事実上、勅命を拒否する小倉藩

監察使派遣に対する小倉藩の反応であるが、六月二十八日、京都留守居役は松平容保に対し、監察使が攘夷実行の指揮を執った場合、将軍家の許可を受けずに従ってよいものか、そんなことになれば、将軍職を委任するという叡慮と齟齬するのではないかと指摘した。さらに、先に幕閣に対して小倉駐在を求めたが、いままさに朝廷の監察使派遣にあたり、この火急の事態にいたったからには、守護職閣下の有司を派遣してほしいと懇請した。

これに対し、攘夷については将軍家に委任されたけれども、武家伝奏より直ちに諸藩に命じることもあり、公武間で齟齬がある。そのため、守護職としても断然と指令することは叶わないと、会津藩公用人は政令二途の実態を語って、確答を回避したのだ。また、その後の再三の督促に対しても、その回答は要領を得ないものであった。

七月三日にいたり、もしも将軍に伺いを立てる前に、勅命を奉戴すべきことを命じられた時は、いかなる奉答をすべきか。勅命は、将軍を経たうえで、順次伝えてほしいと懇請してよいかを重ねて容保に問い、同日武家伝奏野宮定功に勅命奉戴の遅れを謝罪した。

その内容は、小倉藩は従来幕府の命令に従って進退する家柄であり、台命を経ないまま、直に勅命を拝受することは僭越《せんえつ》である、すでに、江戸へ確認をしているが、その往復に時間がかかるかもしれないと弁明したのだ。実際には、謝辞に名を借りた事実上の勅命拝受の拒否であり、小倉藩の思いきった回答には驚きを禁じえない。

ところが、この小倉藩の姿勢も監察使の動向によって、転換を余儀なくされた。四日以降、長州藩世子の毛利定広は度々正親町公董と面談し、小倉藩の違勅処分を強く求めた。その結果、監察使従者から使者を選んで小倉藩に派遣し、小倉藩主の回答如何によっては、違勅の罪によって、征討もあり得るという激烈な沙汰を正親町から発することになった。

七月十四日、使者として肥後藩士河上彦斎《かわかみげんさい》ら三士は小倉にいたり、小倉藩家老に攘夷実行の諾否を厳しく糺《ただ》した。ここにいたり、藩主小笠原忠幹もついに回答に窮し、内乱回避を名目に、はじめて勅命奉戴を決定した。小倉藩にとっては、征討を免れるためのやむをえない、ぎりぎりの対応であったのだ。十五日には幕府に、十六日には朝廷と守護職・所司代・在京老中に藩士を派遣し、奉勅攘夷の旨を上奏し、藩内にも布告した。

しかし、実際にはこの奉勅攘夷は、必ずしも本意から出たものではなかった。二十四日、肥後藩士からの質問に対し、次のような回答をしている。――勅命は受けたものの、やむをえない次第でのことである。目の前に外国船が来航したとしても、すぐに砲撃する覚悟はできていない。このことは、幕府にもその旨を伝えていると。幕府も了解している、その場凌ぎの策であったことは明らかである。

目前にまで迫っていた小倉藩処分問題

一方、長州の奇兵隊士らはこの程度のことでは承服せず、小倉藩が攘夷を実行する見込みはないと考え、後述の通り、武力占拠していた小倉藩領から撤兵しなかった。しかも、七月十八、十九日には小倉藩の速戸台場の大砲を夜中に海中へ投げ込んだり、火門に釘を打込んだりと、すべて使い物にならないようにするといった実力行使に出ていたのだ。少しでも小倉藩側から手出しをすれば、長州藩はすぐにでも応戦する構えであり、小倉藩は、ただただ必死に堪えるしかない有様であった。

七月十五日に下関にいたり、諸台場を巡検している公董に対して、奇兵隊激徒らは早々に小倉藩征伐の命を仰せ付けるよう、執拗に求めていた。これは、諸藩への見せしめにもなると考えて、征伐を命じることを強引に迫ったのだ。

その強硬派の圧力によって藩要路も動き、七月十九日、高杉晋作《たかすぎしんさく》・広沢真臣《ひろさわさねおみ》らは公董に対し、小倉藩の五罪を数えて征討を懇請した。まとめると、①武備不足か内通による傍観、②攘夷実行への準備不足、③六月五日仏艦対応時の国辱的行為、④下関攘夷戦争を応援しない隣国としての不義理さ、⑤違勅の幕府を糾さず因循姑息《こそく》であること、の五罪である。換言すれば、長州藩を応援しない小倉藩への言いがかりであっ

有栖川宮熾仁親王（『京都維新史蹟』より）

て、報復のために列挙されたものだ。

この建白書は「長門国有志士謹白」となっているが、藩要路が関わっていることから、世子定広が黙認していたことはまちがいなく、定広とその側近が大きく関与していた。公董は、その場はいったん慰撫し、小倉藩征討を朝廷に奏請する旨を約し、二十一日に従士徳田隼人を京都に急派して朝裁を請うた。また、その結果を待つために、しばらく九州渡航は延期し、長州藩内にとどまったのである。

八月一日、徳田は入京し、公董の伝言を朝廷にもたらした。早くも四日には国事寄人錦小路《にしきのこうじ》頼徳《よりのり》を勅使として派遣し、かつ「小倉一条ハ当主遠慮、減禄三万五千石子息へ頂戴相続被仰付《おおせつけられ》、若不拝承時《もしはいしょうせざるとき》ハ任長州之所望、可被加誅罰《ちゅうばつくわえらるべく》御内定」（『中山忠能日記』）した。朝廷が幕府を無視して、藩主の退隠や領地削減を沙汰しており、さらに勅命に背く場合は、長州藩の好きなように誅伐させることを明言したのだ。

九日にいたると、中川宮が西国鎮撫大将軍に任じられたが、これを辞退したため、朝議は混乱して、なかなか公董に対して回答することができなかった。越えて十二日、とうとう小倉藩の下関攘夷戦傍観の罪を責め、藩主小笠原忠幹の官位剝奪・所領没収の命があった。鳥取藩主池田慶徳・岡山藩主池田茂政《いけだもちまさ》・米沢藩主上杉斉憲《うえすぎなりのり》・徳島藩世子蜂須賀茂韶《もちあき》は連署して、所領没収については猶予することを奏請したが、勅命は変えられなかった。

政変二日前の十六日には、有栖川宮熾仁親王《ありすがわのみやたるひと》が西国鎮撫大将軍に任命され、いよいよ小倉藩処分は実行に移されることになった。もしこれが実行されていれば、まさに内乱の勃発であった。このように、監察使派遣から派生した小倉藩処分問題は、中央政局の中心的課題となり、西国鎮撫使や親征問題と絡み合いながら、八月十八日政変への導火線となっていったのだ。

第五章　攘夷の実相・朝陽丸事件

事件の発端と藩政府の対応

朝陽丸事件は、文久三年（一八六三）の八月十八日政変前後に起きた重要事件であり、その背景には、ここまで述べてきた攘夷実行をめぐる長州藩と小倉藩の確執があった。この事件は、複雑な中央政局にきわめて重要な影響を与え、特にその事態を放置できない京都守護職松平容保《かたもり》を、八月十八日政変に踏み切らせた大きな動因となったのだ。また、その対立の構図は、幕府vs.長州藩にエスカレートし、まさに攘夷をめぐる内乱を引き起こしかねない危険性をじゅうぶんに孕《はら》んでいた。

つまり、朝陽丸事件を通して、国是問題や朝廷・幕府・西国諸藩の動向を捉え直し、何よりも攘夷の実相を理解することが可能となるのだ。しかし、いままでの幕末史ではほとんど取り上げられたことがない事件であり、そもそも、その実態の解明すらじゅうぶんとは言い難い。ここからは、この事件の全容を明らかにしつつ、攘夷の実相にもう一歩踏み込んでいこう。

最初に、朝陽丸事件の定義であるが、本書では「糾問使である使番中根市之丞《なかねいちのじょう》の派遣から殺害に至る一連の経緯」とし、そして、朝陽丸の下関来航以降の、奇兵隊激徒を中心とする朝陽丸の借用強要問題と中根一行の殺害事件の経緯を中心に、この事件を詳《つまび》らかにしていこう。なお、可能な限り、攘夷の大本山・長州藩の政情にも言及してみたい。

幕府の甘い見通し

小倉藩は長州藩の台命に背く五月十日以降の攘夷実行の現状を幕府に報告し、文久国是である「攘夷」の内容を質《ただ》し、目付の派遣を依頼することに決した。これは、その目付に長州藩の悪業を直接見聞させることによって、活路を見出すためだ。そのために、六月十五日に河野《こうの》四郎《しろう》および大八木《おおやぎ》三郎左衛門《さぶろうざえもん》の二藩士を江戸に派遣した。

この派遣の結果も届かぬうちに、長州藩と小倉藩の確執は、さらに緊迫の度を増し、とうとう奇兵隊による小倉藩領の武力占拠にまで発展する。六月二十四日、奇兵隊三百名ほどが大砲・銃を携えて田ノ浦にいたり、宿舎建築を強行した。事実上の占領であり、小倉藩は藩の権威を著しく踏みにじられた。しかし、小倉藩は幕府の指示に従うこととし、当面はどんな挑発に対しても、歯を食いしばって我慢をつづける選択をした。まさに、一歩まちがえば両藩の戦争となり、内乱になりかねなかった。

七月五日、小倉藩二士は老中水野忠精《みずのただきよ》に、攘夷に関する伺書を提出するとともに、西国の状況を報告し、目付の派遣を願い出た。攘夷をめぐる西国諸藩の動揺や、長州藩と小倉藩の確執の詳細を知り、さらには長州藩の横暴の報に接した幕府は、使番中根市之丞を異国船砲撃・他領侵入の糺問のため長州藩に派遣し、同じく使番の牧野左近《まきのさこん》・村上求馬《むらかみもとめ》を形勢視察のため九州諸藩に派遣することを決定したのだ。

ところで、中根市之丞とはどのような人物であったろう。幕臣である中根は、江戸の俎橋《まないたばし》に屋敷を構える渡辺甲斐守《わたなべかいのかみ》の七男、幼名は慶三郎と言い、文久二年（一八六二）、二十六歳のときに中根宮内《くない》の跡目養子となった。家禄は六千石、市ケ谷長延寺谷一面が屋敷であった。翌三年の家督相続後、まもなく使番となって三月の将軍家茂《いえもち》上洛に同行した。六月十六日帰府後、長州藩への使番派遣を聞き及び、頻《しき》りに懇請して七月十一日に命じられた。

同日、水野老中は小倉藩留守居役を呼びだし、福岡・広島・中津藩の応援を得て、長州藩勢力を小倉藩から駆逐せよとの沙汰書を渡した。併せて、河野・大八木はこの書を守護し、中根らとともに、幕府軍艦で一緒に藩に戻ることを命じた。そして、十五日に中根らは築地操練所より百二、三十人の護衛兵とともに、幕府軍艦朝陽丸に搭

「遊撃隊起終並南蝦夷戦争記」に描かれた朝陽丸（函館市中央図書館蔵）

乗して西航を開始した。小倉二士も、老中の意向によって同乗していた。まさか、これが死への旅路になるなどとは、中根も小倉二士も想像だにしていなかったであろう。

長州藩への直接の糾問が実現の運びとなったが、幕府が積極的に進めたわけではなく、小倉藩からの要請があってのことであり、譜代藩をはじめとする諸藩への示威行動という意味合いが強かった。幕府が直接、長州藩と小倉藩の間の緊張を緩和したり、小倉藩へ武力援助をしたりする意図はなく、糾問の使者を送れば、長州藩は幕府の意向を尊重するであろう、もしそうならなければ、あくまでも小倉藩自身とその周辺諸藩に事態を打開させようという、甘い見通しであった。この幕府の判断のまずさが、朝陽丸事件を引き起こす一因となった。

朝陽丸は、前章でも述べたように徳島藩による砲撃というアクシデントに見舞われながらも、七月二十三日、豊前《ぶぜん》沖に到達した。使番一行が上陸するまでの経緯が、その後の朝陽丸事件の展開に大きな影響を与えることになるため、まずはその流れを追っていこう。

朝陽丸をめぐる緊迫した状況

朝陽丸来航時、長州藩に占拠されている小倉藩領田ノ浦台場から合図の砲発があり、呼応して長州藩諸台場からも砲発があった。そこに、百艘ほどの小舟が警護と称して朝陽丸を取り囲み、多人数の奇兵隊士がどっと乗り込んできた。身の危険を感じた小倉二士は、牧野・村上に対して、どんなことがあろうとも、小倉藩家来が乗船していることは隠蔽してほしいと強く願い出た。そのため、乗組員一同に小倉二士を秘《ひ》匿《とく》するように厳命が下された。

そこに長州の滝弥太郎《たきやたろう》・吉田稔麿《よしだとしまろ》(一八四一〜一八六四)が乗り込んで談判に及び、牧野・村上が応対した。河野の乗船の有無が焦点であったが、非乗船と回答すると、滝と吉田はいかにも不審の様子のまま立ち去った。しかし、その後は五、六人ほどが代わる代わる拝見と称して蒸気管のなかにまで這い入る有様で、小倉二士を何とか見つけようとした。しかし、二人は水夫に身をやつし、船底の真っ暗な火薬庫に隠れていたため、容易に発見はできなかったのだ。

二十四日早朝六時頃、朝陽丸は下関に向け廻航を開始した。その眼前には、それぞれの砲台が玉込をし、「奉勅攘夷」の旗を翻し、馬にまたがって白刃を振り回す激徒も見え、あたかも戦場のような、異様なまでに緊迫した光景が広がっていた。

幕船と了解しながら、とうとう各砲台からの威嚇砲撃という事態に陥った。さらに、一時は打ち払い命令も出されるなど、緊迫の度を強め、混乱した状況がつづいた。船内では、甲板の上を弾丸が飛び越え、乗組員一同が驚愕して伏せるほどであった。その恐怖に、生きた心地もしなかったであろう。

その場を何とか切り抜けた朝陽丸は、楠原村内あみや新地の前に碇泊《ていはく》し、直ちに亀山番所に小人目付中川鉄助《なかがわてつすけ》および鈴木八五郎《すずきはちごろう》を遣わした。そこでも、白刃を持った激徒が取り囲み、一言でも失言があれば即刻危害を加えようという雰囲気で、目付は震え上がる思いだった。そのため、こともあろうに、老中からの糾問書を将軍のものと偽り、その場を切り抜けるしかなかった。しかし、その目付の虚偽が後々、大問題に発展することになる。

長州藩も一枚岩ではなかった

目付に対応したのは、広沢真臣《ひろさわさねおみ》を中心に、宮城彦助《みやぎひこすけ》・赤根武人《あかねたけと》・入江九一《いりえくいち》であった。広沢は朝陽丸への発砲を、濃霧により日本船との判断がつかなかったためと説明し、その正当性を強調した。しかも、幕吏になるべく敬礼をもって接し、怖がらせないような配慮までしており、激徒とちがった対応をしている。すでにこの時点で、藩要路の広沢と奇兵隊激徒の、幕吏に対する認識と対応のあり方において、著しい乖離が見受けられる。長州藩といえども、一枚岩では決してなかった。

しかし、広沢の意に反して、事態は不穏な方向へ進行していった。小人目付が戻ると、奇兵隊士五、六十人が抜刀して朝陽丸に乗り込み、警護と称して居座る勢いを示した。牧野・村上は、船中には百人ほど乗船しており、警護には及ばぬ旨を伝えたが、隊士らは傲慢《ごうまん》無礼な態度を示したのだ。

たとえば、「将軍」と言う者は一人もおらず、「幕府幕府」と言うか、きわめて不遜の者は「幕」とのみ喚《わめ》き散らす有様であった。そして、警護の望みが叶わないなら殺してくれと迫り、また、激徒らが去れば乱暴人が討ち入り、藩主の落ち度になりかねないとして、下船には決して応じなかった。

幕府の乗組員は、その理不尽で取りつく島もない傍若無人ぶりに、なす術などなかったであろう。

幕吏が忍従したのは、生命の危険すら禁じえない緊迫した状況だったこともさることながら、長州藩が監察使正親町公董《おおぎまちきんただ》を呼び寄せ、何事も勅命を笠に着て、すこしでも幕吏から手出ししようものなら、「違勅朝敵」と唱えて、幕府までも朝敵に陥れようとの姦計をめぐらしていると見破ったからだ。前章で述べた監察使派遣は、朝陽丸事件にも大きな影響を与えていたことになる。

さて、山口の藩政府の対応であるが、小郡《おごおり》の御茶屋（大名の宿泊・休憩施設）にて藩主が対面して将軍の書簡を受け取ることになった。よって、中根を別船ないし朝陽丸いずれか希望の方法で小郡に送り届け、かつ、朝陽丸が下関にある場合は番船を付置き、警備するように藩政府は広沢に申し渡した。

このように、藩政府は中根一行への対応を、二十五日中には迅速かつ誠意をもって決定しており、かつ、長崎奉行が通行する際と同格とし、場合によっては、それ以上の対応もあり得るとしている。それにしても、破格な対応だ。当時の長州藩は、攘夷砲撃に対する米仏艦隊の報復攻撃で大きなダメージを受けており、幕府との軍事的緊張の増大を回避する必要があったのだ。

この事実から、将軍の書を持参しているとはいえ、使番に対する対応としては別格であり、藩要路の幕府・将軍への信義は従来言われているほど失われていないことがわかる。むしろ、将軍家に敬意を表してさえいるのだ。この段階での幕府と長州藩の緊張関係は、あくまでも国是・攘夷をめぐっての、方法論の相違における対立であった側面が指摘できる。まさに、「攘夷の時代」と言えよう。

小倉二士、無念の切腹

事態は急展開する。七月二十六日にいたり、朝陽丸からその後の経緯を確認するため、午後二時頃派遣された小人目付中川・鈴木に対して、奇兵隊の要請により、もう一回最初から問い質すことになった。すると、中根持参の書簡は将軍のものでなく、老中からであると判明したため、藩政府は厳重の詰問に及んだ。最後の最後になって、目付は居並ぶ激徒の圧力に屈し、白状してしまったのだ。たしかに、書状が開封されれば、虚偽とばれてしまうのだが、それにしてもこの期に及んでである。

中川らは使番の牧野・村上と話した際に齟齬があって、将軍直書と回答したことを認め、謝罪をしている。幕吏は激徒の激越で傍若無人な態度に狼狽し、その場凌ぎの

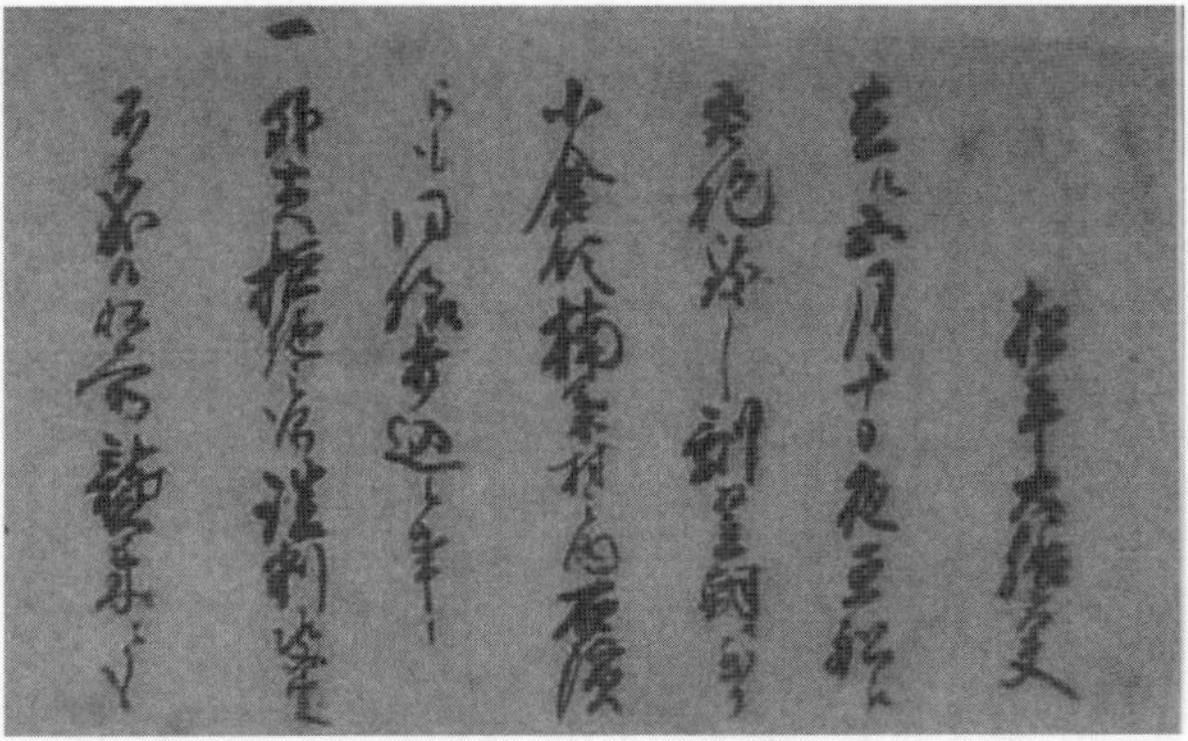

中根市之丞が持参した「攘夷発砲に付尋問書（部分）」（毛利博物館蔵）

策を弄したのだが、結果的にこのことが、小倉二士と中根らを死に追いやる引き鉄となる。そして、幕吏がやたらと言い訳をはじめたので、奇兵隊士は怒髪天を衝き、使番一行を討ち取ってしまえと議論が沸騰した。しかし、広沢の説得もあり、とりあえずその場は鎮静し、長州藩として朝陽丸の借用を申し入れることになった。

その後、朝陽丸では、借用願の対応について激論が闘わされた。軍艦方はとにかく、死を賭して長州藩と戦争に及んだうえで、出航することを主張した。しかし、牧野・村上は、それでは使番としての任務を全うできず、また、江戸に戻り、この間の事情や長州の暴虐振りを報告することができないと退けた。一方、中根は老中からの書状をいま直ぐに渡したうえで、朝陽丸を即刻出航させるべきであると強硬に主張したが、その意見も取り上げられなかった。

このように、幕吏側でも多様な対応が検討され、対立が生じていた。牧野・村上は中根や軍艦方の過激な主張を抑える立場にあり、苦心の様子がうかがえる。もしも軍艦方の主張が採用されていたら、この段階で、幕長間の局地戦の可能性があったのだ。まさに内乱勃発の瀬戸際である。

朝陽丸船内での幕吏間の激論の渦中、夜八時頃に数十艘の小船に乗って、総髪で白鉢巻のいでたちで、小銃と白刃や槍を携えた奇兵隊士二百人余が、吉田稔麿に率いられて乗り込んできた。牧野・村上は、この状況下での無謀な対応は、かえってどのような騒擾《そうじょう》を引き起こさぬとも計りがたく、そもそも台命を遵奉する以外なす術がないと話し合った。そして、翌二十七日には九州巡見のため、小倉まで毛利家の手船で向かうことを、乗組員一同に言明した。この判断により、結果的にこの両名は死を免れ、江戸に戻ることになる。

一方で、河野・大八木の小倉二士が、何とか船内の奥深くに隠してほしいと懇請したため、軍艦方は相談のうえ、火薬庫に潜ませていた。しかし、午後二時頃、牧野・村上が士官部屋に来て、事態はますます切迫の度を増しており、最早これまでと観念した小倉二士が切腹を遂げたことを告げ、今度は死体を密かに片付けることを依頼したのだ。

あまりに劇的な、最悪の事態に艦内は凍りついたのではなかろうか。一刻の猶予も許されないため、仕方なく同夜の零時頃、密かに命じて死体は海底に沈められた。絶体絶命の窮地において、死を選ぶしかなかった小倉二士の無念さに胸が痛む思いだ。

奇兵隊にてこずる藩政府

七月二十八日、中根はいよいよ下関に上陸し、翌二十九日には小郡に赴き、外国船砲撃に関する糾問書を渡した。その内容は、五月十日の攘夷実行、その翌日の小倉藩領への砲撃、田ノ浦不法占拠が主たる糾問事項であり、譜代大名である小倉藩の意向をじゅうぶんに反映したものであった。

ところで、当初、糾問書は将軍からの直書と思われていたため、長州藩では藩主敬《たか》親《ちか》の名代で、世子定広《さだひろ》が受け取ることが検討された。しかし、当時の萩には、藩政府の攘夷実行や朝陽丸借用の方針が過激であり、事を誤るもとになるとして、陰に誹議《ひぎ》する勢力があった。七月二十一日、定広はその鎮静のため萩に戻って、二十八日には萩城にて説諭を試みており、いずれにしろ実現は困難であったのだ。

なお、世子を中心とする高杉・久坂ら松下村塾系グループ、およびそれを支持する門閥層は、奇兵隊など諸隊の武力を背景にして、攘夷実行を推進する正義党（「抗幕・武備派」）と呼ばれ、当時の藩政府を構成した。一方、その反対勢力は俗論党（「従幕・恭順派」）と呼ばれ、この時点での勢威は、無視できないレベルであり、攘夷一辺倒に思える長州藩にあっても、その実態は複雑であった。

さて、中根が持参した糾問書は老中からのものであったため、その待遇を激徒らへの手前もあって格下げしたが、なお、藩政府は中根への厚遇を継続していた。すなわち、八月三日には前田孫右衛門に中根の慰問をさせ、さらに、翌四日、中根以下従者にいたるまで金品を贈り、その労をねぎらっているのだ。藩政府は依然として、幕府への気遣いを示しつづけている。

藩政府は一時凌ぎの対応をしていたものの、この時点では朝陽丸借用の件が大きな懸案となっていた。評議をくりかえした結果、奇兵隊激徒を簡単には説得できないと思われるが、借用破談をとくと説諭し、朝陽丸の丸尾崎《まるおざき》廻航を実現するように、下関を統括する家老国司信濃《くにししなの》に命じた。

これは、たった軍艦一隻ごときを押借《おしがり》したことで、幕府より戦争を起こされて内乱を引き起こしては、敬親・定広両殿の名義を尊重する姿勢に反し、多年の苦心による大業が水泡に帰すことを憂慮したためと説明された。その内容から、藩要路は内乱回避に動いたと言えよう。しかし、国司の説得も効果がなく、定広の出馬となった。

定広は八月十一日に萩を発し、十三日には下関に到着した。表向きは弟子待《でしまつ》・壇ノ浦両砲台の落成巡視が目的であったが、実際は激徒を諭して、朝陽丸を幕吏に返還させることにあった。しかし、十六日に勃発した教法寺《きょうほうじ》事件（正規部隊撰鋒隊《せんぽうたい》と奇兵隊の武力衝突事件。奇兵隊士宮城彦助の切腹、高杉の奇兵隊総督罷免《ひめん》で決着）による混乱もあって、朝陽丸解放にはいたらなかったのだ。

ついに中根一行を殺害

朝陽丸解放がままならぬなか、八月十九日に奇兵隊激徒が中根一行を小郡津市《ついち》の旅館三原屋に襲撃する事件が勃発した（三原屋事件）。中根はたまたま厠《かわや》に入っており、偶然遭難を免れたが、小人目付鈴木八五郎および中根の従者二名が殺害された。激徒は鈴木を中根と誤認し、斬奸状《ざんかんじょう》を添えて梟首《きょうしゅ》した。さすがの中根も、恐怖心に苛《さいな》まれたことであろう。

中根は、急遽朝陽丸返還を諦めて帰府を申し出たため、翌二十日夜、藩政府は船を手配し、丸尾崎から出航させた。しかし、誤認暗殺をした激徒たちは執拗であった。

二十一日早朝、とうとう中根および従者は平根岬沖で刺客に襲われ、全員殺害された。江戸を出航して長州藩内にとどまること約一ヵ月、心休まることなどなく、挙句に惨殺された無念さは察して余りあろう。

激徒が中根らを襲った要因は、小倉藩側に立ち、自ら奉勅した文久国是を否定し、攘夷実行を咎める幕府への敵愾心が主たるものであった。しかし、朝陽丸借用問題について、穏便に事態を収拾しようとする藩政府への、方向転換を促そうとする圧力でもあることを見逃すべきでない。

ところで、『小倉藩攘夷記』によると、暗殺の実行犯として児玉百助・有馬彦七・藤村求馬・田村省等を挙げており、『秋穂二島史』では石川小五郎・藤村六郎（求馬）等としている。吉田稔麿が監察使正親町公董に対して、犯人は奇兵隊脱退士の五人と報告しているが、石川は在郷藩士八組の中級上士で、当時は撰鋒隊に所属し、後に遊撃隊に移籍する。どのように暗殺団が結成されたかはわからないが、石川以外は奇兵隊士であり、石川がリーダー格であったことは間違いなかろう。なお、石川は河《か》瀬《わ》真孝《せまさたか》と改名して、慶応三年（一八六七）にロンドンに留学している。

しかし、事態は劇的に進展する。八月十八日政変の第一報は二十三日であったが、その後、詳細な情報がもたらされ、その深刻さが長州藩全体を覆いはじめる。とりわけ、政変によって京都を脱出し、朝廷から官位まで剝奪された三条実美《さんじょうさねとみ》ら七卿召喚の勅命に背き、結果として受け入れた問題は、長州藩の立場をことさら窮地に追いやることになった。

加えて、攘夷実行に否定的な藩内の俗論党の動きが活発化しており、八月二十八日以降は萩から領袖《りょうしゅう》の椋梨藤太《むくなしとうた》など、俗論党多人数が山口の藩政府に押し掛け、藩要路の更迭等を藩主に直訴した。この結果、周布政之助《すふまさのすけ》等は罷免され、奇兵隊の解散命令（後に小郡への転進命令に変更）にまで発展する。しかし、高杉晋作を中心とする正義党の巻き返しが図られ、先に罷免された要路の復職が実現した。この深刻な内憂外患を前にして、正義党政府は朝陽丸事件を迅速に解決するとの強い方針を打ち出した。

九月三日、最初に大組士・赤木甲熊《かつくま》が乗船し、借用の件は別途使者を派遣して幕府に要請するため、今回は用意が出来次第、早々に出帆するように丁重に頼み込んだ。しかし幕吏は、拝借の件はいまだに公式なことではなく、中根の用件が済み次第、帰府するつもりであると述べ、その後、どうなっているのか、中根からの書簡等もないのかと逆に詰問している。

このやり取りからは、朝陽丸乗組員がこの間の事情説明を強く求め、容易に朝陽丸を出航させそうにない状況が読み取れる。赤木はこの件は自分の職掌外であり、まったく心得ていないとして、即刻下船に及び、しばらくして、当事者である吉田稔麿が説明のため乗船することになった。

稔麿はこれまでの態度を一転させ、何卒支度が調い次第、出航するように懇願したが、すでにこの時点では、激徒の説得だけではなく、朝陽丸乗組員に対しても難しい対応に追われている。稔麿は、基本的には今までの長州藩の立場を貫きながらも、中根らの遭難の顚末《てんまつ》を弁明し、同艦の江戸廻航を強く求めたのだ。

軍艦方は評議の結果、容易ならざる事件であるため、とにかくいったん帰府のうえ、将軍以下に委細を報告することが肝要であると一決し、翌四日の払暁《ふつぎょう》に出帆した。こうして、七月二十三日以来、西国諸藩も巻き込んだ朝陽丸事件は、ようやくその一応の解決を見た。しかし、この事件によって硬化した幕府は、長州藩に対する厳しい対応を開始することになる。

幕府の反応と中央政局への影響

長州藩は、目付鈴木らの殺害事件を幕府に報告したが、中根市之丞の暗殺自体は隠蔽していた。しかし、この間、幕府には朝陽丸事件の詳細な情報がもたらされ、その結果、中根等殺害の嫌疑を長州藩に向けはじめていた。中根と同行していた牧野・村上は八月二十日帰府の上、その翌日には詳細を将軍家茂以下、後見職一橋慶喜《ひとつばしよしのぶ》および幕閣に対して報告した。

また、中根の仲間《ちゅうげん》である吉五郎・安五郎は三原屋事件時に脱走し、九月十三日に帰府して中根の実父渡辺甲斐守宅に駆け込み、その顚末を報告し、その後幕府にも上申した。それによると、突然暗殺集団に襲われ、鉄砲などで中根を含むそこにいた幕吏は残らず殺されてしまい、翌日には梟首された。また、主人の中根より何か異変が生じた場合、どちらか一人は虎口を脱し、江戸に逃げ帰って注進に及ぶように沙汰されていたことが報告されている。

このような情報は、長州藩を追い詰めることになった。幕府の感情は極端に害され、長州藩を罰しようとする意見が強まった。十月二日、長州藩の江戸藩邸からの連絡によると、朝陽丸占拠の一件をはじめ使番の遭難について、講武所から風聞として江戸市中に広まっている。これによって、長州藩に対する恐怖心と非難が非常に高まっており、在府藩士はことさら苦心していることを察して欲しい。そして、どのように対処すべきか指示してほしいと、すがる思いを吐露する。このように、江戸においては、朝陽丸事件の惨状が喧伝《けんでん》され、緊迫した情勢のなかで、江戸藩邸では藩士がその対応に大いに苦慮している様子がうかがえる。

幕府は、それまで攘夷を勝手に実行する長州藩を苦々しく思っていたものの、特段の制裁までは議論していなかった。しかし、朝陽丸事件によって長州藩に対する強硬論が勃興し、八月十八日政変も相俟《あいま》って、征討まで議論されはじめた。まさに、攘夷による内乱の兆しであった。

つづいて、朝陽丸事件が与えた中央政局への影響について言及したい。結論を先に述べておくと、八月十八日政変の大きな引き鉄になったという事実である。政変を引き起こした動因はさまざまではあるが、朝陽丸事件も忘れてはならない事象なのだ。

そもそも、朝廷にも朝陽丸事件の情報は日をおかずもたらされており、『中山忠能日記』(八月十日条)によれば、朝陽丸が砲撃を受け、それを契機に内乱が勃発するのではないかとの不安が吐露されている。その後も中山は、息子である正親町公董から事件の推移をくりかえし聞いており、その情報を同志の廷臣に伝えている。これは朝廷内で朝陽丸事件が、かなり早い段階から継続して意識されていた動かぬ証拠である。

西国問題に過敏になっている廷臣にとって、内乱の可能性まで秘めた朝陽丸事件の勃発は、忌々《ゆゆ》しき事態であった。朝廷内のこの認識と危機感は、当然八月十八日政変を演出することになる中川宮《なかがわのみや》も共有しており、また、西国問題を職掌とする京都守護職松平容保にとっても、座視できない事態であったのだ。

また、時期は若干下るものの、将軍家茂に対する宸翰《しんかん》（文久四年一月二十七日付）において、「幕使ヲ暗殺シ」との部分を確認できる。薩摩藩の手による草稿であったとはいえ、孝明《こうめい》天皇を始め、廷臣間にも広く中根暗殺の情報が喧伝されていたことは驚くべき事実である。

他方、九州諸藩はいち早く朝陽丸事件勃発を察知しており、内乱の兆しとして憂慮し、また、長州藩の横暴に悲痛なまでの憤激を感じていた。薩摩藩も朝陽丸事件については、早い時期から認知し注視していた。何と七月二十四日には、小倉駐在の村上《むらかみ》銀《ぎん》右衛《え》門《もん》から鹿児島に第一報がもたらされており、朝陽丸事件を通して、長州藩の傍若無人な暴走行為を最初の段階から、タイムリーにじゅうぶんに熟知していたことがわかる。さらに八月二日、村上は大坂藩邸にも詳細な事件内容を報告した。

そこには中根以下幕吏の名を連ね、それぞれが小倉や山口に赴いたこと、長州藩の発砲の事実や朝陽丸借用問題、さらには小倉二士の最期にも触れており、まさに驚くべき正確な情報だ。そして、攘夷実行をめぐる長州藩と小倉藩の確執が、内政において脅威である旨述べられている。本報告は、八月十一日には大坂の木場伝内《こばでんない》から鹿児島の大久保利通《おおくぼとしみち》に転送されている事実から、在京の薩摩藩要路が、いかに朝陽丸事件を重視していたかが、おわかりいただけよう。

朝陽丸事件の情報は、思いのほか迅速にかつ正確に、当事者も含め、さまざまなチャンネルを通じて幕府や朝廷など四方にもたらされた。とりわけ、京都においては大いに喧伝されており、中央政局全体に甚大な影響を与えた。特に西国問題の解決をめざす京都守護職松平容保にとっては、最重要な大事件と捉えられており、また、西国鎮撫大将軍に補されようとした中川宮も、関心を寄せざるをえなかったのだ。

その上、薩摩藩にとっても、徳川公儀体制を崩壊に導きかねない長州藩と小倉藩の対立は、座視できないものであった。これらの事実から、八月十八日政変の主体である孝明天皇、中川宮、松平容保、薩摩藩島津久光《しまづひさみつ》、すべてにとって、忌々しき事態であり、その解決のため、政変はなくてはならなかったのだ。つまり、朝陽丸事件は八月十八日政変決行の一つの主要因と捉えるのが妥当であろう。

朝陽丸事件が果たした歴史的役割とは

最後に、朝陽丸事件について総括しておこう。そもそも、この事件は攘夷国是における政令二途から派生した、長州藩と小倉藩の確執によって勃発した。長州藩は三条実美などの廷臣と結んで勅命を左右し、監察使正親町公董の派遣を実現した。一方の小倉藩は老中や京都守護職に懇請し、使番中根市之丞の派遣を実現させた。

しかし、攘夷戦で沸騰する渦中に、朝陽丸が小倉藩士を乗船させて来航し、かつ、糾問書を将軍直書と偽ったため、事態は長州藩による事実上の朝陽丸の武力占拠に発展した。これは長幕間における直接的な軍事的紛争の発端であったのだ。

なお、この事態を起こしたのは奇兵隊であり、藩要路もそれをおおむね追認しながらも、解決への模索をくりかえしていた。その間、俗論党は攘夷実行に関しての憂慮から、また、朝陽丸事件への藩政府の対応への不満もあって、正義党への攻勢を強めた。これ以降、長州藩では血で血を洗う藩内抗争が激化したが、朝陽丸事件はその主誘因の一つであった。

他方、朝陽丸事件によって、長州藩において従来言われているような反幕的な色彩は藩全体を覆っているのではなく、じつは奇兵隊、特にその激徒によって主導されていたことがはっきりした。さらに、定広やその側近を中心に、藩政府は奇兵隊激徒の動向を比較的容認し、むしろそのエネルギーを利用して、攘夷実行を実現している事実が浮き彫りになる。長州藩内には多様な勢力が存在していたが、むしろ過激な反幕的勢力は少数派であったのだ。

朝陽丸事件は、幕末長州藩史における対幕府戦に繋がる直接的起点と位置づけられ、藩内抗争の火種ともなった。また、中央政局において、即今破約攘夷派の勢威を抑え込もうとする勢力にとって、八月十八日政変決行の大きな動機となった。しかも、幕府および西国雄藩によって、政変後の長州藩バッシングの大義名分としても利用されており、幕末史にとっても、きわめて重視すべき事象であったのだ。その重要性は、攘夷から幕末を見た場合、特に明らかであり、正当に評価されるべきである。

終章　攘夷の転換と東アジアの侵略

即時の破約攘夷から横浜鎖港へ

幕末の攘夷を、思想・理論の側面と、実行の側面から述べてきた。江戸時代を通して醸成された攘夷思想は、通商条約を機に一気に実力行使に昇華し、文久期にその最盛期を迎えた。同時代の日本人には、国是（国体の在り方や対外方針）が攘夷であることは共有されており、東アジア的華夷思想にもとづく中華帝国の建国を将来の目標とすることも、また共通の認識であったのだ。

しかし、当面の通商条約を容認し、その利益による武備充実を図るという現実的な施策と、直ちに現状の条約を破棄して、対等な通商条約を結ぶべきとする主張が対立した。具体的には勅命（天皇の命令）である「無二念打払令」と、台命（将軍の命令）である「襲来打払令」が発令され、政令二途として内乱寸前の事態に我が国は陥ったのだ。むしろ、国内的混乱によって、外国に付け入る隙《すき》を与えかねない危機的な情勢だった。

即時の破約攘夷を唱える三条実美《さんじょうさねとみ》を中心とする国事参政・寄人といった廷臣激徒は、長州藩と結託し、幕府に迫って即時攘夷を実行させるために、孝明《こうめい》天皇による攘夷親征の実現をめざした。孝明天皇、中川宮《なかがわのみや》ら上級廷臣、そして薩摩藩や会津藩がその勢力に鉄槌《てっつい》を下したのが八月十八日政変であったのだ。

それ以降の攘夷実行について、どのような変化があったのか。そもそも、孝明天皇をはじめとする朝廷は、じつは即時の破約攘夷を願っていたため、政変後も、その方針をなかなか取り下げなかったのだ。政変前は、王政復古をめざす三条実美らの勢力を嫌い、排斥をめざしたために、即時攘夷から未来攘夷に転向したかに見えたが、実際には不変であり、引き続き即時の破約攘夷を幕府に迫った。

しかし、政変後の孝明天皇・中川宮政権は盤石ではなく、通商条約の勅許をめざす島津久光《しまづひさみつ》や松平春嶽《しゅんがく》といった雄藩諸侯を自派に取り込むために、歩み寄らなければならなかった。それが、横浜鎖港という政策に結びついた。朝廷は、対外方針を即今破約攘夷から横浜鎖港とすることによって、久光や幕府と妥協しようとしたのだ。

政変後は新しい国是の樹立や、長州藩処分の方法について、将軍家茂《いえもち》や慶喜《よしのぶ》などの幕閣、久光・春嶽・伊達宗城《だてむねなり》などの諸侯が上京して一堂に会し、朝政参与として朝議に加わるなどして議論を重ねた。しかし、慶喜と久光が鋭く対立したことから、その体制はあっけなく崩壊してしまった。

元治元年（一八六四）四月、朝廷は庶政を幕府に委任し、横浜鎖港・長州藩処分・海防厳修・物価低落・人心安定に関し、適切な措置を求めるにいたった。大政委任が国是として確立し、当面の対外方針は横浜鎖港の実現となった。中央政局は朝彦《あさひこ》親王（中川宮）・二条斉敬《なりゆき》との結びつきを強めた禁裏御守衛総督・摂海防禦指揮の一橋《ひとつばし》慶喜に、京都守護職の会津藩士松平容保《かたもり》、四月から京都所司代に就いた桑名藩主松平定敬《さだあき》を加えた、いわゆる「一会桑勢力」に委ねられることになったのだ。

一橋（徳川）慶喜（『雋傑坂本龍馬』より）

通商条約に勅許が降る

しかし、横浜鎖港は容易なことではなかった。幕府はすでに、前年の文久三年末には談判使節を西欧に派遣していたが、当然その実現は困難であり、しかも、悪いことに元治元年八月には四ヵ国（英米仏蘭）連合艦隊の下関攻撃もあって、長州藩は禁門の変につづき完敗した。

講和交渉にあたった高杉晋作《たかすぎしんさく》は、長州藩は幕府の方針である攘夷を実行しただけで、賠償の責任は幕府にあると主張した。その結果、三百万ドルもの巨額の賠償金支払いは幕府に回ってきたため、攘夷をめぐって、ますます幕府は追いつめられたのだ。

下関戦争直後から、英米仏蘭の公使らは横浜鎖港の不条理を幕府に難じ、朝廷による条約勅許を迫った。そして、慶応元年（一八六五）閏五月、パークスがイギリスの新公使として赴任したことを契機に、長州征伐のために将軍家茂が在坂している機会を捉え、その四ヵ国公使は九隻もの艦隊を従え、九月十六日に兵庫沖に現れ、幕府と朝廷に圧力をかけはじめた。

突然の軍事的な示威行動に狼狽した幕府は、二十三日に老中阿部正外《あべまさと》らを交渉に派遣したが、公使らは条約勅許・兵庫開港を要求し、朝廷と直接交渉することも示唆した。そして、開戦も辞さないと迫ったため、阿部や松前崇広《まつまえたかひろ》ら老中が兵庫開港を強く主張し、朝廷への根回しもせずに二十五日には兵庫開港を決定したのだ。戦争回避のためとはいえ、朝廷を軽視したやり方は、政治的センスが問われるのではないか。

一方で、将軍家茂は一橋慶喜に下坂を要請しており、幕朝関係の悪化を恐れる慶喜に勅許奏請を一任した。慶喜はそのための十日間の猶予を公使側から得て、早速勅許を奏請したが、朝廷は幕府の独断による開港決定を強く非難し、何と阿部・松前の官位剝奪・謹慎を命じたのだ。朝廷が幕府人事に直接口出しする前代未聞の椿事《ちんじ》に対し、幕閣以下は大いに驚嘆して、これは朝廷と手を組んだ慶喜の画策と邪推した。

この事態への反発から、突然、家茂は十月一日に将軍を辞職して慶喜に譲ることを奏聞し、三日には東帰を開始した。しかし、朝廷は当然許すはずもなく、また、慶喜の必死の説得もあって、ようやく家茂は翻意した。この一連の流れは、歴史に埋もれた感があるが、攘夷や通商条約をめぐって、国を揺るがすほどのドラマがあったのだ。

そして、あれだけ攘夷を主張していた孝明天皇も、慶喜の勅許獲得に向けた獅子奮迅の活躍も相まって、今回はどうすることもできずに、五日にとうとう通商条約を勅許した。おそらく、断腸の思いであり、相当の負荷があったろう。一方で、兵庫開港は認めなかった。孝明天皇の最後の抵抗であったが、慶応三年（一八六七）五月にその開港も勅許された。しかし、そのときには孝明天皇も家茂もこの世にいなかったのだが。

こうして、幕末の攘夷は終焉を迎えた。通商条約が勅許されたからには、理論上の、国是としての攘夷は消滅した。いまさら、攘夷実行などありえないのだ。しかし、東アジア的華夷思想にもとづく中華帝国の系譜、つまり、思想としての攘夷は、これ以降も日本人に引き継がれていく。

「幕末の攘夷」の呪縛

これまでの幕末史は、尊王攘夷vs.公武合体として、あくまでもその二律背反の構図として描かれてきた。しかし、その視点では、なぜその両派が対立し、死闘を演じているのか、その経緯の理解に苦しんでいた読者がおられたであろう。

これについて、本書で提示した江戸時代を通じての「日本人総攘夷」の事実、および幕末の政争の対立軸である「未来攘夷」「即時攘夷」概念の理解によって、複雑怪奇な幕末史が少しずつ氷解しはじめたのではないか。

つまり、血なまぐさい政争がくりかえされた幕末というのは、これまで言われてきた尊王攘夷vs.公武合体の観点で理解してはならないのだ。尊王や攘夷、また公武合体という点においては、すべての日本人は何ら変わりはない。にもかかわらず、通商条約を容認するのか破棄するのか、武備充実後まで攘夷実行を先送りにするのかしないのか、これらの考え方の相違から政争が繰り広げられた時代であったのだ。

それによって、内乱の危機があり、植民地化の可能性が派生していた。当時の日本人のリーダーたちは、それをじゅうぶんに認識できており、幕末の抗争とは、内乱や植民地化を回避するための政争でもあったのだ。このように、幕末は攘夷によって回転させられていた。まさに、幕末＝攘夷なのである。

最後に、その後の日本における「幕末の攘夷」の残影について、展望しておこう。明治国家は、廃藩置県・地租改正・四民平等・徴兵制等の近代的施策を実施し、富国強兵・殖産興業に尽力し、わずか維新後二十数年で、東アジア唯一の先進国家に登り詰めた。そして、日清・日露戦争を経て、明治四十三年（一九一〇）の日韓併合により、天皇に対する「朝貢国」を獲得した。幕末の攘夷は、維新後四十数年を経て成し遂げられたことになる。

東アジア唯一の帝国主義国家となって、列強の仲間入りを果たした日本のつぎなる野望は、清をはじめとする東アジア、さらには東南アジア諸国を朝貢国とすることにあった。つまり、「東夷の小帝国」（「日本型華夷帝国」）から「東亜の大帝国」への脱却こそ、最終ゴールたり得たのである。しかし、その結末はご存じのとおりである。先の未曽有の大戦も、つまりは、幕末の攘夷の呪縛によるものなのだ。

主要参考文献

史料

「上洛日次記」（宮内省先帝御事蹟取調掛編『孝明天皇紀』四〈以下『孝明』〉、平安神宮、一九六八年）
『鳥取藩御留守日記』（『大日本維新史料稿本マイクロ版集成』〈以下『稿本』〉、東京大学出版会、一九九七年）
『蜂須賀家史籍編纂料調査書』（七月二十三日条、『稿本』）
「明石藩記」（『孝明』）
『文久癸亥筆記』（『稿本』）
鹿児島県維新史料編さん所『鹿児島県史料（忠義公史料）』二、三、鹿児島県、一九七五、七六年
末松謙澄『防長回天史』四、マツノ書店、一九九一年復刻
『中山忠能日記』一、東京大学出版会、一九七三年復刻
田中彰監修『定本奇兵隊日記』下、マツノ書店、一九九八年復刻
『小森承之助日記』三、北九州市立歴史博物館、一九九七年
「白石正一郎日記」（『白石家文書』、下関市教育委員会編、国書刊行会、一九八一年）
「幕府エ御届書並幕府ヨリ御使番被差下之一件」中（毛利家文庫所収、御政務座作成、嘉永六年～元治元年）、山口県文書館蔵
『幕使中根市之丞始末』（文久三年九月十三日条、毛利家文庫所収「伏見奉行雑記文久三年」）、山口県

文書館蔵
「朝陽丸長州下関碇泊中ノ始末書」（文久三年七月、『稿本』）
「白野郷村庄屋平右衛門口上書」（文久三年七月二十四日、『稿本』）
「牧野・村上書簡」（文久三年七月二十八日、『稿本』）
「村上求馬書簡」（文久三年七月、『稿本』）
高田茂廣校註『見聞略記』、海鳥社、一九八九年
江間政発述「幕府使番中根市之丞長州に於て遭難の始末」（『維新史料編纂会講演速記録』二、東京大学出版会、一九七七年復刻）
『小倉藩攘夷記』（宇都宮泰長編著『小倉藩幕末維新史料』）、鵬和出版、二〇〇〇年

書籍・論文

青山忠正『明治維新と国家形成』、吉川弘文館、二〇〇〇年
青山忠正『明治維新の言語と史料』、清文堂出版、二〇〇六年
石母田正『古代国家論』（石母田正著作集第四巻、岩波書店、一九八九年）
真鍋重忠『日露関係史』、吉川弘文館、一九七八年
渋谷雅之『土佐藩重臣日記』下、私費出版、二〇一五年
宮地佐一郎『龍馬の手紙』、講談社学術文庫、二〇〇三年
平尾道雄『坂本龍馬海援隊始末記』、中公文庫、二〇〇九年改版
藤田覚『近世後期政治史と対外関係』、東京大学出版会、二〇〇五年

吉野誠『明治維新と征韓論』、明石書店、二〇〇二年
今井宇三郎・瀬谷義彦・尾藤正英校注『水戸学』（日本思想大系五三）、岩波書店、一九七三年
松岡英夫『岩瀬忠震』、中公新書、一九八一年
松浦玲『検証・龍馬伝説』、論創社、二〇〇一年
松浦玲『勝海舟』、筑摩書房、二〇一〇年
松浦玲『坂本龍馬』、岩波新書、二〇〇八年
来栖守衛『松陰先生と吉田稔麿』、マツノ書店、二〇一〇年復刻
吉松慶久著・内田伸編『秋穂二島史』、二島公民館、一九六九年
木村直也「幕末の日朝関係と征韓論」（『歴史評論』五一六、一九九三年）
木村直也「幕末期の朝鮮進出論とその政策化」（『歴史学研究』六七九、一九九五年）
拙著『幕末文久期の国家政略と薩摩藩──島津久光と皇政回復』、岩田書院、二〇一〇年
拙著『グローバル幕末史──幕末日本人は世界をどう見ていたか』、草思社、二〇一五年
拙著『薩長同盟論──幕末史の再構築』、人文書院、二〇一八年
拙著『新説　坂本龍馬』、集英社インターナショナル、二〇一九年
拙稿「幕末長州藩における朝陽丸事件について」（『山口県地方史研究』九二、二〇〇四年）
拙稿「政令二途を巡る長州藩と小倉藩の確執について」（『山口県地方史研究』九四、二〇〇五年）
拙稿「文久三年中央政局における薩摩藩の動向について──八月十八日政変を中心に」（『日本史研究』五三九、二〇〇七年）
拙稿「幕末中央政局における『皇政回復』──島津久光率兵上京を中心として」（『佛教大学大学院紀

要　文学研究科篇』三八、二〇一〇年）
拙稿「元治国是の確立と大政委任」（『神田外語大学日本研究所紀要』六、二〇一四年）

あとがき

昭和四十年代に小学生であった私は、いまから十五年ほど前に亡くなった、満洲に出征していた祖父の戦争体験話を聞くことが好きであった。その大半は、引き揚げにまつわる苦労話であったが、筆者にとっては時折祖父が口を滑らす、日本兵の耳をふさぎたくなる行為に意識が集中していた。

しかし、そんな私の雰囲気を察してか、「日本人は、中国人や朝鮮人に本当にひどいことをした。もう、これ以上は話さない」というフレーズで話は打ち切られるのが常だった。私は「本当に勝てると思っていたのか？」というような質問をくりかえしたが、「薄々はどうかなと、思わないこともなかったが、神州が最後には勝つであろうと信じていた。それにしても、陛下のために攘夷が叶わなかったことが残念である」と祖父は悔しがっていた。

当時、NHK大河ドラマ「勝海舟」で幕末に目覚めはじめていた筆者にとって、祖父が使う「攘夷」という言葉は鮮烈であり、驚きであった。それ以来、幕末の攘夷がなぜ太平洋戦争まで影を落としていたのかが、大きなテーマになっている。

筆者は現在、研究フィールドとして、薩摩藩・島津久光をメインとしているが、あわせて「日本近現代史における対外認識論」を掲げている。今回は主として幕末期を中心として、その成果をはじめて世に問うた第一弾である。攘夷という理論が、どのように形成され、また現実に実行されていたのか、それを知るための一風変わった、幕末を主とする江戸時代史である。

幕末の欧米からの外圧を前に、その攘夷概念は「大攘夷」「小攘夷」という理論に分派し、主として文久期の、国内を二分しかねない大政争を巻き起こした。その間の西国での攘夷の実態や、そこから派生した問題を中心に述べてみたが、なかでも、朝陽丸事件は思い入れの強いテーマである。

そもそも、筆者は長州藩研究からスタートしており、その時の対象が「吉田稔麿」であり、「朝陽丸事件」であった。今回、朝陽丸事件にも言及できたことは、望外の喜びであった。本書によって、知られざる幕末攘夷史をお伝えできたのではないかと、密かに自負している。

さて、いよいよ本書を終えることにするが、その前に三名の恩人に心からの謝意を表したい。講談社の所澤淳さん。今回の難解なテーマに理解を賜り、的確な助言とともに、刊行に向けての最大限の努力を惜しみなくしていただいた。三猿舎の安田清人さん。本書をはじめとして、拙稿が数多く日の目を見たのは安田さんのおかげであり、感謝の念に堪えない。この邂逅がなければ、筆者の研究者としての評価もまったく違っていたであろう。

最後に、細君の信子。本書も含め、校正の労を惜しまず、かつ、この間の私のわがままをすべて許容し、激励してくれた。その他、さまざまな助言をいただいたすべての方々の厚意に謝して、本書を閉じたい。

二〇一〇年八月　　町田明広

学術文庫版へのあとがき

二〇一〇年に講談社現代新書から『攘夷の幕末史』が上梓され、既に十二年が経過した。ありがたいことに、この間に増刷もされ、さらに電子書籍版にもなっており、多くの読者に愛される一書となっている。ある大学では、推薦入試の合格者に対する入学前教育の課題図書となり、非常に驚くとともに、うれしくもあった。

その後の十二年間、筆者の生活は大転換期を迎え、大学職員から大学教員への転身が実現した。本書も、それに貢献してくれたことは間違いない。テニュア教員になれたことに伴い、自分の研究が格段と深化したと自負している。その成果として、『グローバル幕末史』（草思社、二〇一五年）、『薩長同盟論』（人文書院、二〇一八年）と『新説　坂本龍馬』（集英社インターナショナル、二〇一九年）を上梓することが叶った。一方で、いまだに読み続けられている、『攘夷の幕末史』の記述の一部が気になり始めていた。特に、第三章までに致命的な部分が目立ち始めた。

例えば、攘夷思想の形成過程が曖昧であり、鎖国と海禁の関係も理解が浅い記述になっていた。何より、坂本龍馬の捉え方がステレオタイプを脱し切れておらず、いわゆる龍馬伝説に拘泥した内容となっていた。典型的なのが、亀山社中の扱いであり、現在の自説である「亀山社中はなかった」から大きく逸脱し、アプリオリにその存在を肯定した論の展開となっている。読者に誤った内容を発信し続けることになるため、いつも心に引っ掛かる存在となってしまった。

ところが、現実は厳しく、新書は品切れで重版は未定状態であり、忸怩たる思いに苛まれる時間が経過していた。しかし、二〇二一年末に至り、講談社学術図書編集チームから学術文庫への再録のお誘いをいただいた。まさに、青天の霹靂である。筆者にとって、増補改訂版を世に出せる千載一遇の機会であり、文字通り、歓喜に堪えなかった。この場をお借りして、編集担当の栗原一樹さんに心からの御礼を申し上げたい。

ところで、『攘夷の幕末史』から十二年が経過したが、本書で主張した「尊王攘夷」vs.「公武合体」の図式は克服できたのだろうか。残念ながら、幕末史の理解は相変わらずその構図で語られており、結果から逆算された「倒幕派」なるものが、文久期（一八六一～一八六四）には存在していたと主張されている。さらには、坂本龍馬の暗殺の黒幕は薩摩藩の西郷隆盛であるなど、まったく史実（史料）など顧みない、いわゆる「陰謀説」が一段と横行している。こうした主張は、歴史家の言説のなかにまで及んでおり、甚だ遺憾である。

幕末史をわかり難くしている主因は、ナンセンスな「尊王攘夷」vs.「公武合体」の構図に、何もかも押し込めて理解しようとするところにあり、史実を度外視した面白おかしい、商業ベース的な陰謀論に依るところが大きいのではなかろうか。

本書では、幕末史の腑に落ちる理解を目指して、キーワードとして「攘夷」を設定した。しかし、現代に生きる我々は、多くの場合、外国船を砲撃し、外国人を殺傷する過激な攘夷行動のみを想像してしまう嫌いがある。その代表は長州藩であり、そこに蝟集した尊王志士であり、その攘夷行動を後押ししたのが、三条実美をはじめとする過激な廷臣であったとする。こうした勢力こそ、尊王攘夷派であるとの認識が跋扈している。

当時の日本人は、例外なく尊王であった。そして、一部の過激な尊王志士を除いて、公武合体であった。さらに、日本人はほぼ全員が攘夷であると言っても過言ではなかった。しかし、攘夷というのは、当時同じ日本人であっても、その理解や認識に極めて大きな幅があった。端的に言うと、攘夷実行の時期や方策に差違が見られた。また、通商条約を認めるのか認めないのか、これも攘夷を考える際の大きな課題であろう。

通商条約の締結までは、攘夷は鎖国を維持するための国是（対外政略）とされた。外国船を追い払うにしても、躊躇せずに、つまり無二念《にねんなく》打ち払う場合と、食料や燃料を施して穏便に追い払う撫恤的な場合が存在した。幕府は時々の世界情勢、特に東アジアの情勢により交互にその戦略を選択したが、いずれにしても外国人を国内に入れない、つまり居住させないとする鎖国政策には変わりはなかった。

しかし、通商条約の締結（開国）後、攘夷は実質化する。鎖国を堅持することが攘夷であるため、そもそも外国人を国内から排除する必要があった。そのためには、暗殺といった手荒いことも辞さないわけで、尊王志士の多くは単純な鎖国への回帰を目指した。一方で、長州藩の為政者層も攘夷実行は肯定したが、その主たる目的は孝明天皇が拒絶する現行の通商条約の破棄にあり、その後、天皇が認めた対等な通商条約の締結を模索していた。

日本は天皇の存在によって、皇国であり神州であることを可能にした。その天皇が認めない条約を、長州藩要路はどうしても認めることができなかった。しかし、世界の趨勢から、日本だけが鎖国を遵守できないことも理解できる国際性を持っていた。そして、富国強兵を果たした日本が、世界のリーダーとなることを夢想した。長州藩による、幕府を追い込んで条約破棄にまで持ち込もうとする攘夷実行は苛烈を極め、幕府との対立を招いて幕長戦争にまで発展する。結局、長州藩が描いていた、新しい通商条約の締結というストーリーは、雲散霧消してしまった。

幕府は通商条約の拒否による欧米列強との開戦、その先の植民地化を恐れ、締結に舵を切ったが、貿易による利益によって富国強兵を目指す狙いがあった。積極的に開国し、避戦を貫くと同時に欧米以上の国力を蓄え、いずれ世界に雄飛する機会を待とうとした。こうしてみると、幕府も長州藩も貿易によって富国強兵を図り、世界に冠たる日本国家を建設するという最終ゴールは一緒であった。

しかし、幕府は現行の通商条約を肯定し、富国強兵を果たした上での攘夷を志向した未来攘夷の立場であり、一方で長州藩は現行の通商条約を否定し、条約破棄のための目の前の攘夷実行に固執した即時攘夷の立場であった。こうした対立が慶応元年の通商条約の勅許まで続き、文久期はまさに即時攘夷vs.未来攘夷の時期であった。その後の政争は、幕府の権威が低下するとともに国政参画への期待が一層高まり、どのような政体であれば参画可能かを各勢力が模索し、また幕府がそれを阻止しようとした過程へと移行する。

幕末を「攘夷」を軸として俯瞰することにより、政治史が理解しやすくなることは間違いなかろう。しかし、その試みは、まだまだ浸透したとは言い難く、簡単なことではない。だからといって、歴史家の矜持からも、その努力は惜しんではならないと自覚している。これからも、生ある限り幕末史を理解いただく試みを継続したい。

二〇二二年三月十七日

町田明広

KODANSHA

本書の原本は、二〇一〇年に講談社現代新書より刊行されました。
文庫化にあたり、加筆修正を施しています。

町田明広（まちだ　あきひろ）

1962年，長野県生まれ。上智大学文学部・慶應義塾大学文学部卒業，佛教大学文学研究科修士課程・同博士後期課程修了。博士（文学）。専攻は日本近現代史（明治維新史・対外認識論）。神田外語大学准教授。著書に『新説 坂本龍馬』，『薩長同盟論』，『グローバル幕末史』，『幕末文久期の国家政略と薩摩藩』，『島津久光＝幕末政治の焦点』などがある。

講談社学術文庫

定価はカバーに表示してあります。

攘夷《じょうい》の幕末史《ばくまつし》

町田明広《まちだあきひろ》

2022年4月12日　第1刷発行

発行者　鈴木章一
発行所　株式会社講談社
東京都文京区音羽 2-12-21 〒112-8001
電話　編集（03）5395-3512
販売（03）5395-4415
業務（03）5395-3615

装　幀　蟹江征治
印　刷　株式会社広済堂ネクスト
製　本　株式会社国宝社
本文データ制作　講談社デジタル製作

ISBN978-4-06-527750-8

「講談社学術文庫」の刊行に当たって

これは、学術をポケットに入れることをモットーとして生まれた文庫である。学術は少年の心を養い、成年の心を満たす。その学術がポケットにはいる形で、万人のものになることは、生涯教育をうたう現代の理想である。

こうした考え方は、学術を巨大な城のように見る世間の常識に反するかもしれない。また、一部の人たちからは、学術の権威をおとすものと非難されるかもしれない。しかし、それはいずれも学術の新しい在り方を解しないものといわざるをえない。

学術は、まず魔術への挑戦から始まった。やがて、いわゆる常識をつぎつぎに改めていった。学術の権威は、幾百年、幾千年にわたる、苦しい戦いの成果である。こうしてきずきあげられた城が、一見して近づきがたいものにうつるのは、そのためである。しかし、学術の権威を、その形の上だけで判断してはならない。その生成のあとをかえりみれば、その根は常に人々の生活の中にあった。学術が大きな力たりうるのはそのためであって、生活をはなれた学術は、どこにもない。

開かれた社会といわれる現代にとって、これはまったく自明である。生活と学術との間に、もし距離があるとすれば、何をおいてもこれを埋めねばならない。もしこの距離が形の上の迷信からきているとすれば、その迷信をうち破らねばならぬ。

学術文庫は、内外の迷信を打破し、学術のために新しい天地をひらく意図をもって生まれた。文庫という小さい形と、学術という壮大な城とが、完全に両立するためには、なおいくらかの時を必要とするであろう。しかし、学術をポケットにした社会が、人間の生活にとってより豊かな社会であることは、たしかである。そうした社会の実現のために、文庫の世界に新しいジャンルを加えることができれば幸いである。

一九七六年六月　　野間省一

次田真幸全訳注
古事記（上）（中）（下）
本書の原典は、奈良時代初めに史書として成立した日本最古の古典である。これに現代語訳・解説等をつけ、素朴で明るい古代人の姿を平易に説き明かし、神話・伝説・文学・歴史への道案内をする。（全三巻）
207〜209

平泉《ひらいずみ》　澄《きよし》著
物語日本史（上）（中）（下）
著者が、一代の熱血と長年の学問・研究のすべてを傾けて、若き世代に贈る好著。真実の日本歴史とは何か、正しい日本人のあり方とは何かが平易に説かれ、人物中心の記述が歴史への興味をそそる。（全三巻）
348〜350

ニコライ著／中村健之介訳
ニコライの見た幕末日本
幕末・維新時代、わが国で布教につとめたロシアの宣教師ニコライの日本人論。歴史・宗教・風習を深くさぐり、鋭く分析して、日本人の精神の特質を見事に浮き彫りにした刮目すべき書である。本邦初訳。

393

保坂弘司訳
大鏡　全現代語訳
藤原氏一門の栄華に活躍する男の生きざまを、表では讃美し裏では批判の視線を利かして人物の心理や性格を描写する。陰謀的事件を叙するにも核心を衝くなど、「鏡物」の祖たるに充分な歴史物語中の白眉。

491

下村寅太郎著
東郷平八郎
日本海海戦大勝という「世界史的驚異」を指揮した東郷平八郎とは何者か。秋山真之ら幕僚は卓抜な能力をどう発揮したか。哲学者の眼光をもって名将の本質を射抜き、日露海戦の精神史的意義を究明した刮目の名著。

563

若槻禮次郎《わかつきれいじろう》著（解説・伊藤　隆）
明治・大正・昭和政界秘史　古風庵回顧録
日本の議会政治隆盛期に、二度にわたり内閣総理大臣を務めた元宰相が語る回顧録。明治から昭和激動期まで中央政界にあった若槻が、親しかった政治家との交流や様々な抗争を冷徹な眼識で描く政界秘史。

619

鉄から読む日本の歴史

窪田蔵郎《くぼたくらお》著

考古学・民俗学・技術史が描く異色の文化史。大和朝廷権力の背景にある鉄器、農業力を飛躍的に向上させた鉄製農耕具、鋳造鍛錬技術の精華としての美術工芸品や日本刀。〈鉄〉を通して活写する、日本の二千年。

1588

海と列島の中世

網野善彦著（解説・田島佳也）

海が人を結ぶ、列島中世を探照する網野史観。海は柔かい交通路である。海村のあり方から「倭寇世界人」まで文化を結ぶ海のダイナミズムを探り、東アジアに開かれた日本列島の新鮮な姿を示す網野史学の論集。

1592

江戸お留守居役の日記　寛永期の萩藩邸

山本博文著

根廻しに裏工作。現代日本社会の原像を読む。萩藩の江戸お留守居役、福間彦右衛門の日記『公儀所日乗』。由井正雪事件や支藩との対立等、迫り来る危機を前に、藩の命運を賭けて奮闘する外交官の姿を描く好著。

1620

倭人と韓人　記紀からよむ古代交流史

上垣外憲一著（解説・井上秀雄）

古代日韓の人々はどんな交流をしていたのか。記紀神話を〝歴史〟として読みなおし、そこに描かれた倭と半島の交流の様子を復元する。比較文学・比較文化の手法を駆り描き出す、刺激的かつダイナミックな論考。

1623

江戸幕末滞在記　若き海軍士官の見た日本

エドゥアルド・スエンソン著／長島要一訳

若い海軍士官の好奇心から覗き見た幕末日本。慶喜との謁見の模様や舞台裏も紹介、ロッシュ公使の近辺で貴重な体験をしたデンマーク人の見聞記。旺盛な好奇心、鋭い観察眼が王政復古前の日本を生き生きと描く。

1625

龍馬の手紙　坂本龍馬全書簡集・関係文書・詠草

宮地佐一郎著

幕末の異才、坂本龍馬の現存する手紙の全貌。動乱の世を志高く駆け抜けていった風雲児の手紙は何を語るのか。壮大な国家構想から姉や姪宛の私信まで、計一三九通。龍馬の青春の軌跡が鮮やかに浮かび上がる。

1628

日本の歴史・地理

桑田忠親著
武士の家訓
乱世を生き抜く叡知の結晶、家訓。戦国の雄たちは子孫や家臣に何を伝えたのか。北条重時、毛利元就から、信長・秀吉・家康まで、戦国期の大名二十三人の代表的家訓を現代語訳し、挿話を交えて興味深く語る。
1630

A・アンベール著／茂森唯士訳
絵で見る幕末日本
スイス商人が描く幕末の江戸や長崎の姿。鋭敏な観察力、才能豊かな筆の運び。日本各地、特に、幕末江戸の町を自分の足で歩き、床屋・魚屋・本屋等庶民の生活の様子を生き生きと描く。細密な挿画百四十点掲載。
1673

勝 海舟著／江藤 淳・松浦 玲編
海舟語録
晩年の海舟が奔放自在に語った歴史的証言集。官を辞してなお、陰に陽に政治に関わった勝海舟。ざっくばらんな口調で語った政局評、人物評は、冷徹で手厳しい。海舟の慧眼と人柄を偲ばせる魅力溢れる談話集。
1677

佐々木 克《すぐる》監修
大久保利通
明治維新の立て役者、大久保の実像を語る証言集。明治四十三年十月から新聞に九十六回掲載、好評を博す。強い責任感、冷静沈着で果断な態度、巧みな交渉術など多様で豊かな人間像がゆかりの人々の肉声から蘇る。
1683

網野善彦著（解説・山本幸司）
中世の非人と遊女
専門の技能や芸能で天皇や寺社に奉仕した中世の職人の多様な姿と生命力をえがく。非人も清目を芸能とする職能民と指摘し、遊女、白拍手など遍歴し活躍した女性像を描いた網野史学の名著。
1694

五百旗頭《いおきべ》 真《まこと》著
日米戦争と戦後日本
日本の方向性はいかにして決定づけられたか。現代日本の原型は「戦後」にあるが、その大要は終戦前すでに定められていた。新生日本の針路を規定した米国の占領政策を軸に、開戦前夜から日本の自立までを追う。
1707

日本の歴史・地理

吉田伸之著
日本の歴史17
成熟する江戸
十八世紀。豪商などが君臨する上層から、貧しい乞食僧や芸能者が身分的周縁を形作った最下層まで、さまざまな階層が溶け合う大都市・江戸。前近代の達成である成熟の諸相をミクロの視点で鮮やかに描き出す。

1917

井上勝生著
日本の歴史18
開国と幕末変革
十九世紀。一揆、打ち壊しが多発し、「開国」「尊皇」「攘夷」「倒幕」が入り乱れて時代は大きく動いた。幕府が倒壊への道を辿るなか、沸騰する民衆運動に着目し、世界史的視野と新史料で「維新前夜」を的確に描き出す。

1918

鬼頭　宏著
日本の歴史19
文明としての江戸システム
貨幣経済の発達、独自の〈物産複合〉、プロト工業化による地方の発展、人口の停滞と抑制――。環境調和的な近世社会のあり方が創出した緑の列島の持続的成長モデルに、成熟した脱近代社会へのヒントを探る。

1919

鈴木　淳著
日本の歴史20
維新の構想と展開
短期間で近代国家を作り上げた新政府は何をめざし、新たな政策・制度を伝達・徹底したか。五箇条の御誓文から帝国憲法発布までを舞台に、上からの変革と人人の自前の対応により形作られてゆく「明治」を活写。

1920

佐々木　隆著
日本の歴史21
明治人の力量
帝国憲法制定、議会政治の進展、条約改正、軍事力強化と朝鮮半島・大陸への関与など、西欧列強に伍する強国を目指した近代日本。帝国議会の攻防の日々や、調整者としての天皇など新知見を満載して実像に迫る。

1921

伊藤之雄著
日本の歴史22
政党政治と天皇
東アジアをめぐる国際環境のうねりのなか、近代日本の君主制は変容していった。その過程で庶民は何を感じ、どう行動したか。明治天皇の死から五・一五事件による政党政治の崩壊までを、斬新な視角で活写する。

1922